区分建物表示登記に関する
事例と実務

敷地権・敷地利用権　専有・共用部分　相続・譲渡

市街地再開発事業による権利変換　円滑化法による建替え

上申書　管理組合規約　合意規約

伊藤直樹 監修

遠山昭雄・橋立二作・今井廣夫 著

日本加除出版株式会社

推薦のことば

　総務省統計局の平成30年の調査結果（平成31年4月26日）によると，居住世帯のある住宅は5,366万戸となっており，この内訳を建て方別に見ると，一戸建てが2,876万戸（53.6％），長屋建てが141万戸（2.6％），共同住宅が2,334万戸（43.5％）となっている。平成25年と比べると，それぞれ，共同住宅が126万戸（5.7％），一戸建てが16万戸（0.6％），長屋建てが12万戸（9.2％）の増加となっている。

　また，共同住宅の住宅数の推移を見ると，昭和63年に1,141万戸と1,000万戸を突破した後，その後も増加を続け，平成30年までの30年間で2倍以上増加している。

　住宅に占める共同住宅の割合を都道府県別に見ると，東京都が71.0％と最も高く，次いで沖縄県が59.0％，神奈川県が55.9％，大阪府が55.2％，福岡県が52.6％などとなっている。

　1棟の建物の中の各部屋が独立して利用できる建物が区分建物であり，所有者が個別に登記をしたいという場合，賃貸用のマンションの各部屋を販売するため1部屋ごとに登記を行う場合，二世帯住宅などを個々に登記したい場合などに建物区分登記の申請を行うことになる。都市圏に限らず，「個別に登記をしたい場合」，区分建物登記をする必要があり，既に登記された建物や建て替えする場合に区分建物として登記可能とする条件の確認なども含め，建物・不動産の表示に関するプロとして，土地家屋調査士にとって不可欠な業務でありながら，経験と実績が大きく影響する分野でもあった。

　本書は，連合会の前・制度対策本部 マンション関連検討プロジェクトチームのメンバーにより検討を重ね，執筆を進めたものであり，現状まとめるべき情報や知識を集積した内容となっている。また，登記申請書や建物図面とともに管理規約，上申書など，関連する資料を収録しており，これから学ぶ土地家屋調査士とともにベテランにおいても有益な書籍となっている。

　今後も増えていくであろう区分建物に関する登記，この先に迎えるマンションの老朽化に伴う建て替え事案等，表示登記の専門家として土地家屋調査士の職責は以前にも増して大きくなっている。今後の土地家屋調査士の更なる活躍に期待し，本書を推薦する次第である。

　令和元年10月

日本土地家屋調査士会連合会

会長　國吉　正和

はしがき

　法務省の登記統計によると，区分建物表題登記の年間件数は平成28年で11万6000件を超える。平成20年の20万6000件強と比べると鈍化はしているが，総務省統計局の平成30年の調査結果（平成31年4月26日）における共同住宅の割合（43.5％）からみても，高い割合で共同住宅を住居としている実態が分かる。

　所有者が区分建物として登記をしたいと考える場合には様々なケースがある。分譲する場合，二世帯住宅で個々に登記したい場合，賃貸物件で一部を他社に譲渡したい場合，一部に抵当権を設定したい場合など，所有者の要望に合わせた登記を土地家屋調査士は確認する必要がある。

　本書は前年度の制度対策本部 マンション関連検討プロジェクトチームにて，区分建物表示登記における実務上の手続や問題点に関し検討を重ね，現状知っておくべき知識や情報を集積した書籍として執筆，編集した。様々な事例も入れ，基本から実践までを登記申請書などを掲載することで具体的に学び，活用できる内容となるよう企図した。さらに床面積の算定や，添付情報として上申書の作成方法，周辺知識として管理規約のモデルなど，できるだけ有益な情報を収録した。よって，連合会とは別途，自主的な研究会の立場から私見も加える形を優先し，出版に至った。

　また，類書であまり触れていないマンション建替え等の円滑化法による登記に関し，実例とともに建替事業の流れ，そして市街地再開発事業における権利変換登記を解説した。

　本書が新人からベテランまで，いままで区分建物表示登記をあまり行っていなかった土地家屋調査士にも分かりよく，理解が深まるものとなれば望外の喜びである。

令和元年10月

著者を代表して　　伊藤　直樹

凡　例

1　本書中，法令名等の表記については，原則として省略を避けたが，括弧内においては以下の略号を用いた。

【法令等】

区分所有	建物の区分所有等に関する法律	建基	建築基準法
不登	不動産登記法	建基令	建築基準法施行令
不登令	不動産登記令	建築規	建築基準法施行規則
不登規	不動産登記法施行規則	地税	地方税法
民	民法	租特	租税特別措置法
住基	住民基本台帳法	租特令	租税特別措置法施行令
都再	都市再開発法		

円滑化	マンションの建替え等の円滑化に関する法律
円滑化規	マンションの建替え等の円滑化に関する法律施行規則
円滑不動産令	マンションの建替え等の円滑化に関する法律による不動産登記に関する政令
準則	平成 17 年 2 月 25 日付法務省民二第 456 号民事局長通達「不動産登記事務取扱手続準則」
基本通達	昭和 58 年 11 月 10 日付法務省民三第 6400 号民事局長通達

【裁判例等】

・最三小判昭 59・12・7 民集 38 巻 12 号 1287 頁
　→最高裁判所第三小法廷判決昭和 59 年 12 月 7 日最高裁判所民事判例集 38 巻 12 号 1287 頁
・昭 58・11・10 民三 6400 号民事局長通達
　→昭和 58 年 11 月 10 日付法務省民三第 6400 号民事局長通達

2　出典の表記につき，以下の略号を用いた。

民集	最高裁判所民事判例集	判タ	判例タイムズ
登先	登記先例解説集	登研	登記研究

『後藤建物』　後藤浩平『先例から読み解く！　建物の表示に関する登記の実務』（日本加除出版，2018 年）

『内野建物』　内野篤『建物表示登記の実務』（日本加除出版，2017 年）

『五十嵐マンション』　五十嵐徹『第 5 版　マンション登記法』（日本加除出版，2018 年）

『不動産 Memo』　青山修『不動産登記申請 MEMO　建物表示登記編』（新日本法規，2008 年）

『都市再開発』　細田進＝島野哲郎『Q & A　都市再開発の登記実務と記載例』（日本加除出版，2013 年）

v

目　　次

第1編　区分建物の表示に関する概要

第1章　区分建物の要件 ……………………………………………………… 1

1　区分所有とは …………………………………………………………… 1

(1) 構造上の独立性　　2

(2) 利用上の独立性　　3

(3) 事例に見る区分所有権の成否　　4

図1 分有のイメージ　　4

2　A マンションが区分所有建物になる場合（区分所有権の成立要件）………… 5

(1) 甲が建物を区分して所有する意思を外部に表明した場合　　5

(2) 6室の一部を他人に譲渡した場合　　5

(3) 6室の一部に抵当権を設定しようとする場合　　5

3　区分所有建物となった A マンションが，区分所有建物でなくなる場合（六つの部分の区分所有権が消滅する場合）…………………………………………… 5

(1) 建物の区分所有をやめる旨の意思表示をした場合　　5

(2) 物理的に1個の建物とした場合　　6

(3) 建物の全部，または5室を取り壊した場合　　6

(4) 専有部分の概念　　6

(5) 専有部分の床面積（専有部分の範囲）　　6

図2 専有部分の床面積　　7

4　資料 ……………………………………………………………………… 8

(1) 名称　　8

(2) 建築材料　　8

(3) 構造　　9

図3 区分のイメージ　　9

第2章　区分建物表題登記 …………………………………………………… 10

第1節　意義 …………………………………………………………………… 10

◎申請人及び申請期間

(1) 申請人　　10

例1 登記申請書（規約で敷地権の割合及び規約敷地を定めた階層的区分建物の表題登記を申請する場合）　　11

例2 登記申請書（同一の1棟の建物に附属建物がある区分建物の表題登記を申請する場合）　　13

例3 登記申請書（区分建物の表題登記を申請する前に原始取得者が死亡し，その相続人から申請する場合）　　15

例4 登記申請書（既登記の非区分建物に区分建物が増築された場合に，増築した区分建物の所有者が，自己所有の区分建物の表題登記及び既登記の建物の代位による表題部の変更の登記を申請する場合）　　17

vii

目次

　　　　　（2）申請期間　　21
　　　　　（3）代位申請　　21
　　　　　例5 登記申請書（区分建物の所有者が，同一の1棟の建物に属する他の区分建
　　　　　　　　物の所有者に代位して表題登記を申請する場合）　　22

　第2節　区分建物の表題登記に関する添付書類 ······································· 24
　　　　　（1）建物図面，各階平面図　　24
　　　　　（2）所有権証明書　　24
　　　　　（3）住所証明書　　24
　　　　　（4）相続証明書　　25
　　　　　（5）代位原因証書　　25
　　　　　（6）規約証明書　　25
　　　　　（7）代理権限証書　　26

第3章　敷地権と敷地利用権 ··· 27

　第1節　専有部分と敷地利用権の一体化 ·· 27
　　1　一体性の原則 ·· 27
　　2　敷地利用権の持分の割合 ·· 28
　　3　分譲業者等への準用 ·· 29
　　4　一体性の原則の排除 ·· 30

　第2節　敷地権に関する添付書類 ·· 31
　　1　規約 ·· 31
　　　　　（1）規約敷地　　31
　　　　　（2）規約割合　　31
　　　　　（3）他管轄の規約敷地　　31
　　　　　（4）分離処分　　31
　　　　　（5）一部分離処分　　31
　　2　規約敷地 ·· 32
　　　　　図4 法定敷地と規約敷地のイメージ　　33
　　3　みなし規約敷地 ·· 33

第4章　共用部分 ·· 34
　　1　総論 ·· 34
　　2　法定共用部分 ·· 35
　　3　規約共用部分 ·· 36
　　4　法定共用部分と規約共用部分の違い ······························ 36
　　5　専有部分の範囲や共用部分との境界など ·························· 37
　　　　　例6 登記申請書（区分建物を共用部分としたことによる登記を申請する場合）　　39

viii

第2編　区分建物に関する事例

第1章　遺言書による建物区分登記（事例1）·············41

図5　事例1のイメージ　41

1　正確さが求められる遺言書··············41

2　問題を未然に防ぐ登記方法があった··············42

3　事前に区分登記の勧め··············42

第2章　オーナーマンションの再販事業（事例2）··············43

1　オーナーマンションに散見される違法建築··············43

図6　事例2のイメージ　43

2　違法建築物と建物区分登記の関係··············44

3　違法建築物―再販事業の中止··············44

4　違法建築物と土地家屋調査士··············44

5　普通建物として1個で登記される理由と区分登記の勧め··············45

6　サンルーム増築の露見事例··············46

第3章　等価交換方式マンション―地権者所有地の登記方法··············47

1　地権者提供地―移転登記方法··············47

2　A案――地権者所有地―不動産会社に所有権全部移転登記··············48

3　B案――地権者持分を残して，不動産会社に所有権一部移転登記··············49

図7　A案・B案　対比表　49

第4章　等価交換方式マンション表題登記事例（事例3）··············51

1　等価交換方式マンションと地権者分の表題登記方法··············51

2　まとめて登記されていたため，争いの原因となった··············51

図8　事例3のイメージ　51

3　等価マンションの特徴··············52

第3編　特殊な事例

第1章　建物図面・各階平面図の作成について··············53

1　建物図面の作成について··············53

(1)　建物図面に「建物の名称」,「住戸番号　○○○1」が載ることの
有益性　53

(2)　「建物の名称」の登記　54

(3)　「建物の名称」の登記がない建物図面を利用して現地を探す場合　54

(4)　「建物の名称」の記載のない建物図面から現地に到達する方法　54

例7　建物図面1（建物の名称欄）　55

ix

目次

 2 各階平面図の作成について … 56
  図9 区分した建物の内壁に凹凸がある場合 57

 3 建物図面・各階平面図の流れ … 57

 4 専有部分の登記方法で隔壁の性質が変わる事例（事例4） … 58
  図10 専有部分の範囲 58

第2章 分譲マンションの表題登記に関する実務の流れ … 60

  図11 区分建物表示登記の実務フロー 60

 1 資料収集・資料調査・分析，委託内容の確認，登記スケジュールの決定 … 60
  (1) 資料収集・資料調査・分析 60
  (2) 委託内容の確認 61
  (3) 登記スケジュールの決定 61

 2 建物の調査・測量の作業手順の確認 … 62

 3 現地調査用図面の作成・現地調査測量 … 62
  (1) 現地調査用図面の作成 63
  (2) 現地調査・測量 64

 4 必要書類・報告書の作成，書類押印手配，必要書類の収集，規約設定公正
  証書作成 … 64
  (1) 必要書類・報告書の作成 65
  (2) 書類押印手配 65
  (3) 必要書類の収集 65
  (4) 規約設定公正証書作成 66

 5 表題登記申請，登記完了後の確認・報告，登記完了書類の納品 … 66
  (1) 表題登記申請 66
  (2) 登記完了後の確認・報告 67
  (3) 登記完了書類の納品 67

第3章 登記面積と優遇税制 … 68

 1 優遇税制概要と登記に必要な証明書 … 68

 2 住宅用家屋証明書の取得 … 68

 3 登記床面積50平方メートル以上の根拠確認方法（国税庁ホームページ） … 69

 4 床面積の判定について（国税庁ホームページ・照会回答） … 71

第4章 床面積50平方メートル確保 … 72

 1 柱を専有面積に算入―50平方メートル確保（事例5） … 72
  図12 床面積算定イメージ（柱） 72

 2 柱を専有面積に算入―50平方メートル確保（事例6） … 73
  図13 床面積算定イメージ（柱） 73

 3 算出方法再検証の必要性 … 73

目次

第 5 章　分譲マンションの新築日と固定資産税の関係 ················ 75

  1　建物の新築日 ······················ 75

  2　新築建物の固定資産税の賦課期日と納税義務者 ·············· 75

  3　分譲マンションでの問題点 ··············· 76

  4　分譲マンションの納税義務者 ············· 76

  5　最高裁判例─新築日と登記日及び固定資産税賦課の関係 ········· 77

第 6 章　上申書─原始取得者関係ほか ··············· 79

  1　登記における上申書 ················· 79

  2　上申書の作成者・様式等 ··············· 80

  3　事例の概要 ···················· 80

  4　確認済証等の建築主は 2 社であるが申請人は 1 社である場合（事例 7）······ 81

  5　確認済証等の建築主は 1 社であるが申請人は 2 社である事例（事例 8）····· 81

  6　住所・氏名の齟齬を証明できない場合の上申書（事例 9）········· 81

    例8　上申書（事例 7）　　83

    例9　上申書（事例 8）　　84

    例10　上申書（事例 9）　　85

  7　「原始取得者」 ··················· 86

第 7 章　分有方式の区分建物 ················· 88

  1　分有方式の基本的概要─タウンハウス（事例 10）··········· 88

    図14　タウンハウス方式のイメージ　　89

  2　事業用区分建物，密集地における分有方式（事例 11）·········· 90

    図15　密集地における分有（立面）　　91

    図16　密集地における分有（配置）　　91

  3　山積する課題の克服 ················· 91

第 8 章　仮換地に分譲マンションが建築される場合 ·········· 93

  1　基本事例─従前地 1 筆，仮換地 1 筆の表題登記（事例 12）········ 93

    図17　事例 12 のイメージ　　93

  2　従前地 1 筆，仮換地 2 筆──問題がない事例（事例 13）········· 94

    図18　事例 13 のイメージ　　94

  3　従前地 1 筆，仮換地 2 筆──問題がある事例（事例 14）········· 94

    図19　事例 14 のイメージ　　95

第 9 章　市街地再開発事業，権利変更の流れ ·········· 96

    例11　登記申請書─土地の権利変換手続開始の登記（都再 70 条）　　100

    例12　登記申請書─建物の権利変換手続開始の登記（都再 70 条）　　101

目次

　　　　例13 登記申請書—土地の表題登記と所有権保存の登記（都再90条）　102
　　　　例14 都市再開発資料一覧（事例15）　104
　　　　例15 登記申請書（事例15）　105

第4編　マンション建替え等の円滑化法による登記

はじめに …………………………………………………………………………… 119

第1章　マンション建替事業における登記手続 ……………………………… 121
　　　　図20 おおまかな建替事業スケジュールと登記手続　121
　1　建替え参加者による建替え不参加者への売渡請求（区分所有63条）……… 121
　2　建替組合による建替え不参加者への売渡請求書（円滑化15条）………… 124
　3　権利変換手続開始の登記（円滑化55条）……………………………………… 125
　　　　例16 登記申請書（円滑化法による権利変換手続開始）　127
　　　　例17 登記申請書（権利変換手続開始登記抹消）　129
　4　（権利変換登記前の）住所変更登記 ………………………………………… 132
　　　　例18 登記申請書（所有権登記名義人住所変更）　133
　5　権利変換の登記（円滑化74条）……………………………………………… 134
　　　　1 施行マンションが敷地権付区分建物である場合の区分建物表示変更登記
　　　　　（敷地権抹消）　143
　　　　例19 登記申請書（区分建物表示変更登記）　144
　　　　2 施行再建マンションの敷地の所有権の移転の登記　145
　　　　3 施行再建マンションの敷地の地上権又は賃借権の設定又は移転の
　　　　　登記　145
　　　　例20 登記申請書（円滑化法74条1項の規定による登記の申請）　146
　　　　例21 登記申請書（敷地利用権が権利変換前は賃借権で権利変換後に地上権とな
　　　　　る場合）　152
　　　　例22 登記申請書（敷地利用権が権利変換前は地上権で権利変換後に賃借権とな
　　　　　る場合）　153
　　　　例23 敷地利用権が権利変換前も権利変換後も地上権である場合（地上権の移転
　　　　　登記）　154
　　　　例24 敷地利用権が権利変換前も権利変換後も賃借権である場合（賃借権の移転
　　　　　登記）　154
　　　　4 保留敷地の所有権の移転の登記　154
　　　　5 保留敷地の地上権又は賃借権の設定又は移転の登記　154
　　　　6 施行マンションが敷地権の表示のない建物である場合，施行マンション
　　　　　の敷地利用権についての担保権等の抹消登記　154
　　　　例25 抵当権抹消　155
　　　　7 施行再建マンションの敷地利用権についての担保権等登記　156
　　　　8 区分建物滅失登記　156
　　　　例26 登記申請書（区分建物滅失登記）　157
　　　　9 権利変換計画の変更による所有権更正登記　158

例27 登記記録　158

　　　例28 登記申請書（円滑化法による権利変換計画の変更）　159

　　10 （円滑化82条登記前の）住所変更登記　160

　　11 施行再建マンションに関する登記（円滑化82条）　160

　　　例29 登記申請書（円滑化82条1項の規定による登記）　163

　　　例30 登記の目的（区分建物表題登記─店舗）　164

　　　例31 建物図面（店舗）　165

　　　例32 登記の目的（区分建物表題登記─居宅）　166

　　　例33 建物図面（居宅）　167

　　　例34 登記の目的（規約共用部分である旨の登記）　168

　　　例35 建物図面（共用部分）　169

　　　例36 登記申請書（所有権保存）　170

　　　例37 登記申請書（抵当権設定）　171

　　　例38 登記申請書（登記の目的（円滑化88条1項の先取特権の保存））　172

　　12 分筆・合筆の登記について（円滑化92条）　173

　　　例39 登記申請書（土地合筆登記）　175

　　　例40 登記申請書（土地地積更正登記）　177

　　　例41 地積測量図（地積更正）　178

第2章　敷地売却事業における登記手続 …………………………………………… 179

　　　図21 おおまかな事業スケジュールと登記手続　179

1 敷地売却組合による敷地売却事業不参加者への売渡請求書（円滑化124条） …… 179

2 分配金取得手続開始の登記（円滑化140条） ……………………………………… 180

3 組合員の住所変更登記 ……………………………………………………………… 181

4 権利消滅期日における登記（円滑化150条1項） ………………………………… 182

　　　例42 登記申請書（円滑化法による分配金取得手続開始）　186

　　　例43 登記申請書（円滑化法150条1項の規定による登記の申請）　187

　　　例44 登記の目的（区分建物表題登記（共用部分の規約の効力喪失））　190

第5編　その他の事例

第1章　マンション管理組合規約（例）………………………………………………… 195

　　　例45 マンション管理組合規約　195

第2章　マンション敷地の境界確認 …………………………………………………… 199

第3章　合意規約・公正証書規約 ……………………………………………………… 200

1 規約で定め得る事項 ………………………………………………………………… 200

2 公正証書による規約の設定 ………………………………………………………… 201

3 公証役場 ……………………………………………………………………………… 202

　　（1）用意する書類　202

目次

（2） 公正証書にする内容の整理　　202

（3） 公証役場での手続の進行　　202

（4） 公正証書が完成したら　　203

（5） どのくらいの費用が掛かるのか　　203

4　規約設定公正証書の作成方法 ………………………………………………… 203

　　◎　作成に用いる様式及び用語に関する留意点　　203

5　規約を証する書面 ……………………………………………………………… 205

6　提出を求める書類 ……………………………………………………………… 205

7　規約設定公正証書及び認証 …………………………………………………… 205

　　例46 規約設定公正証書　　205

8　団地規約設定公正証書 ………………………………………………………… 207

（1） 規約設定　　207

（2） 文例　　207

　　例47 団地規約設定公正証書　　207

9　書面決議等規約設定公正証書 ………………………………………………… 208

10　分離処分可能規約公正証書 …………………………………………………… 209

　　例48 分離処分可能規約公正証書（抄）　　209

11　敷地利用権の割合を定める規約公正証書 …………………………………… 209

　　例49 敷地利用権の割合を定める規約公正証書（抄）　　209

12　管理・使用等に関する規約公正証書 ………………………………………… 209

　　例50 管理・使用等に関する規約公正証書（抄）　　209

13　分離処分可能規約廃止公正証書 ……………………………………………… 209

　　例51 分離処分可能規約廃止公正証書（抄）　　209

14　規約設定公正証書 ……………………………………………………………… 210

　　例52 規約設定公正証書　　210

　　例53 敷地権の表示　　212

　　例54 住戸配置図　　213

索引

事項索引 ……………………………………………………………………………… 215

条文索引 ……………………………………………………………………………… 217

判例索引 ……………………………………………………………………………… 219

先例索引 ……………………………………………………………………………… 219

第1編 区分建物の表示に関する概要

第1章 区分建物の要件

区分所有法

（建物の区分所有）

第1条 １棟の建物に構造上区分された数個の部分で独立して住居，店舗，事務所又は倉庫その他建物としての用途に供することができるものがあるときは，その各部分は，この法律の定めるところにより，それぞれ所有権の目的とすることができる。

（定義）

第2条 この法律において「区分所有権」とは，前条に規定する建物の部分（第４条第２項の規定により共用部分とされたものを除く。）を目的とする所有権をいう。

２　この法律において「区分所有者」とは，区分所有権を有する者をいう。

３　この法律において「専有部分」とは，区分所有権の目的たる建物の部分をいう。

４　この法律において「共用部分」とは，専有部分以外の建物の部分，専有部分に属しない建物の附属物及び第４条第２項の規定により共用部分とされた附属の建物をいう。

５　この法律において「建物の敷地」とは，建物が所在する土地及び第５条第１項の規定により建物の敷地とされた土地をいう。

６　この法律において「敷地利用権」とは，専有部分を所有するための建物の敷地に関する権利をいう。

1　区分所有とは

　民法の視点では，所有権は１個の独立した物についてのみ成立し，建物であれば「棟」の単位で１個と数えられるものについてのみ，所有権の目的とすることができる。マンションも建物であることに変わりがなく，本来ならば，その所有・利用関係について民法が適用されてしかるべきだが，それについては「建物の区分所有等に関する法律」（以下，「区分所有法」という。）が民法に優先して適用されることになる。すなわち，「区分所有法」は「区分所有建物」という特殊な建物についてのみ適用され

第1章 区分建物の要件

る法律である。

それではなぜ、区分所有建物については民法以外の特別な法律が必要なのか。それは、民法が「一物一権主義」を原則としているからである。「一物一権主義」とは、所有権は1個の独立した物について一つの所有権のみ成立し、物の一部を対象とする所有権は成立しないという原則である。明文規定があるわけではなく、物に対する権利関係を明確にするための、民法上当然の原則であるとされている。

例えば、所有権上は1個の所有権が成立している建物について、①ドアや襖で仕切られた二つの部屋の一方を兄の所有、他の一方を弟の所有とすることはできない。②2階建ての建物で、かつ、その1階部分と2階部分が基本的に独立した状態にあっても、兄が1階部分を所有し、弟が2階部分を所有するといったことはできない。

また、1個の所有権が成立している建物の所有権移転の効果（物権変動）は常に建物全体に及ぶので、上記②において、1階部分だけを売買等（取引）の対象とするようなこともなじまない。

これに対し、1棟の建物の中にある複数の区画（マンションであれば各住戸）が一定の要件を備えている場合には、異なる者がそれらの各区画を所有権の目的とすること（建物を区分して所有すること。）を認める法律が区分所有法である（一物一権主義の例外）。

建物の各部分をそれぞれ所有権の目的とするためには、それらの各区画（数個の部分）が「構造上の独立性」と「利用上の独立性」を同時に満たしていることが要件とされる。

(1) 構造上の独立性

所有権は物を全面的かつ直接的に支配しうる権利であるから（民206条）、支配の及ぶ範囲が物理的に限定されていなければならない。区分所有権の場合は、物的限定と認められる程度に建物の部分が構造的に独立していなければならないことを意味している。

区分所有権の成立には、少なくともその部分が天井・壁・床・扉などによって他の部分から遮断されていなければならず、出入の自由な障子や襖などで仕切られている日本間の1室は独立性が認められないため、区分所有権の対象となりえない。

しかし、独立性はその区画の用途によって判断されるもので、常時遮断されている必要はなく、シャッター等で仕切られた店舗やガラスで仕切られた店舗も独立性が認められ、駐車場については、車両が出入りする性質上、三方だけに壁があり、出入口に遮蔽物がない場合でも区分所有権の成立が認められる。

1棟の建物に構造上区分された数個の部分で、独立して住居、店舗、事務所又は倉庫その他建物としての用途に供することができるものがあるときは、その各部分は、

この法律の定めるところにより，それぞれ所有権の目的とすることができる（区分所有1条）。これが，区分所有権成立のための要件であり，一般に，構造上の独立性及び利用上の独立性という言葉で説明されている。

(2) 利用上の独立性

「利用上の独立性」とは，当該構造上，区分された部分が，独立して住居その他の建物としての用途に供することができるか否かの性質をいう。区分所有法の目的となる建物の部分はその部分だけで通常の1戸の住居や事務所などと同じように使用できるものでなければならない。具体的には，その部分に「独立の出入口」があり，直接外部に通じていることが必要である。マンションのように廊下，階段，エレベーターなどの共用部分を経由して外部へ出ることのできる場合は利用上の独立性は認められるが，他の専有部分を通らなければ外部に出られない建物の部分に利用上の独立性は認められない。

また，内部設備が「使用目的に適した設備」を具備していなければならない。つまり，住居であるならば，人が生活していくための設備を備えたものであり，事務所であるなら事務所としての機能を備えたものでなければ独立性は認められない。例えば，住居部分に，台所・便所・洗面所などがなく，共同の炊事場や便所を他の個所に設けているような場合は区分所有権の対象とならず，各居室には区分所有権は認められないということである。

◎区分所有法1条（建物の区分所有）は分譲マンションのみならず，アパート，二世帯住宅，賃貸マンション，賃貸オフィスビルといった"1棟の建物の中に，構造上区分され独立して住居，店舗，事務所，倉庫などの建物として使える2以上（数個）の部分がある場合"において，その数個の部分は，いつでも個々の者が所有することができるとともに，独立して売買などの取引の対象とすることができる，としている。

◎区分所有法2条（定義）では独立して所有権の目的にすることができる部分を「専有部分」といい，その専有部分の所有を目的とする権利を「区分所有権」という。また，区分所有権を有する者を「区分所有者」という。そして，数個の部分が独立して取引の対象となる要件を備えたとき（専有部分となったとき），その数個の部分に区分所有権が成立する，としている。

第1章　区分建物の要件

第1条の条文の最後で「…することができる」とされている。ここでの注意点は，1棟の建物に構造上区分された数個の部分があり，かつ，それらの部分が独立して住居・店舗・事務所その他の建物しての用途に供することができる状態にあるということは，あくまでその建物の各部分に所有権（区分所有権）が成立するための要件に過ぎず，それだけでは，その建物が区分所有されているということにはならないということである。

1棟の建物に構造上及ぶ利用上の独立性を満たした数個の部分が存在する場合の所有形態は，次のとおりとなる。

〈1棟の建物に構造上及び利用上の独立性を満たした数個の部分が存在する場合の所有形態〉

① 専有部分がない ➡ 民法しか適用されない建物（一物一権主義）

② 建物に存在する数個の部分ごとに所有権（区分所有権）の目的とする形態
　専有部分がある ➡ 民法に優先して区分所有法が適用される建物

(3)　事例に見る区分所有権の成否

分譲を目的として新築されたマンションでは，最初から各住戸（各専有部分）は売買の対象とされているため，すでに各戸に区分所有権を成立させることを前提とした形状にある。したがって，常に「建物に存在する数個の部分ごとに所有権の目的とする」形態（前記②）にある。

一方で，賃貸目的のマンションでは，①のケースと②のケースのいずれの形態もみられる。ここで①と②の違いを検証してみる。

自分の所有する土地の上に賃貸マンション（Aマンション）を所有する甲がいる（図1参照）。甲はいわゆる賃貸マンションのオーナーである。Aマンションに構造上区分され，独立して住居の用に供することができる部分が6個（数個＝複数以上）存在することになる。このような場合，Aマンション全体を「1個の所有権の目的」とするか，

〈図1　分有のイメージ〉

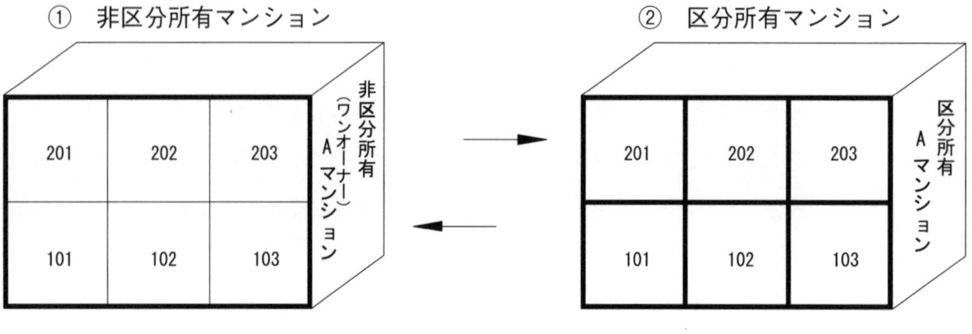

① 非区分所有マンション

② 区分所有マンション

または建物を複数に区分して「区分所有の目的」とするかは，あくまで所有者甲の自由な意思による。

①のケースでは，当初非区分所有建物としても，一定の要件を満たせばいつでも区分所有建物となり得る。一方，一旦区分所有建物となった以降も，所定の要件を満たすことにより，再び非区分所有建物となり得る。

2　Ａマンションが区分所有建物になる場合（区分所有権の成立要件）

(1)　甲が建物を区分して所有する意思を外部に表明した場合

甲の申請によって図1の②のようにＡマンションの区分登記がされたとき，六つの部分はそれぞれ専有部分となり，各部分に区分所有権が成立し，区分所有建物となる。区分の登記がされることによって，甲が六つの専有部分と，それらの専有部分にかかる敷地に関する権利を単独で所有することになるが，この状態は新築マンションの分譲業者がそれらを単独で有しているのと同じ状態である。この状態で分譲せず全て賃貸にすることも当然可能である。

(2)　6室の一部を他人に譲渡した場合

甲が6室のうち201号室（数個の部分の一部）を他人に譲渡しようとする場合には，建物を区分して201号室を専有部分としなければならないが，原則他の5室についても専有部分とする必要がある（ただし，利用上・構造上の独立性の有無にかかわらず他の5室を一つの専有部分又は複数とすることは可能）。したがってＡマンションの一部を他人に譲渡した場合，他の5室は賃貸のままでも区分所有権が成立し，Ａマンションは二つから六つの部分に区分所有権が成立している区分所有建物となる。

(3)　6室の一部に抵当権を設定しようとする場合

甲が乙のためにＡマンションの201号室のみに抵当権を設定しようとする場合，前述(2)と同様に201号室を区分して専有部分とする必要がある。したがって，Ａマンションは抵当権の設定された201号室と，抵当権の設定がされていない他の5室の部分に区分所有権が成立し，Ａマンションは区分所有建物となる。

3　区分所有建物となったＡマンションが，区分所有建物でなくなる場合
（六つの部分の区分所有権が消滅する場合）

(1)　建物の区分所有をやめる旨の意思表示をした場合

専有部分の買占めなどによって一人でＡマンションの6室全てを区分所有する丙がいる場合，丙が専有部分の全てを買い占めている（所有している。）段階では，まだ

第1章　区分建物の要件

区分所有権だが，丙が6室について区分建物の合併登記をした場合，Aマンションの6室の区分所有権は消滅し，区分所有建物ではなくなり丙が単独で所有する非区分建物になる。

(2) 物理的に1個の建物とした場合

専有部分の全部を所有する丙が専有部分間の隔壁全てを除去し，または，外部への出入りについて専有部分を出入りしないとできないよう改築した場合のように，物理的に1個の建物とした場合，Aマンションは区分所有建物ではなくなる。このような状態を「合体」という。

(3) 建物の全部，または5室を取り壊した場合

専有部分の全部を所有する丙が，建物の全てを取り壊した場合はもちろん，例えば101号以外の全てを取り壊した場合には，Aマンションは区分所有建物ではなくなる。

区分所有法1条では「数個の部分」と規定されており，専有部分とは必ず二つ以上ある必要がある。

(4) 専有部分の概念

専有部分というと，一つの玄関扉から廊下などの共用部分を通り，各専有部分に出入りするタイプが思い浮かぶが，住居専用マンションでも「メゾネット」と呼ばれる2階建て以上の専有部分があるし，構造上・利用上の独立性を同時に満たす範囲で，平面的（ヨコ）にも立体的（タテ）にも及ぶ幅広い概念である。

(5) 専有部分の床面積（専有部分の範囲）

「専有部分」及び「共用部分」の範囲はどこまでなのか。専有部分である住戸は自分の持ち物であり，所有権の対象となる部分であるから，民法206条に所有権の内容が規定されているように自由に使用・収益・処分ができる。それでは，どこまでが自分の持ち物として自由に扱えるのかというと，専有部分の範囲については，二つの考え方がある。

第1は「内法方式」で，第2は「壁芯方式」である。

① 内法方式

住戸内の壁で囲まれた部分だけが専有部分だという考え方である。別の言い方をすると，壁で囲まれた空間部分だけが専有部分であるとする考え方である。不動産登記法はこの内法方式，不動産登記規則115条は区分所有建物の専有部分の床面積は壁その他の区画の内側線で囲まれた部分の水平投影面積で測定することとしている。

② 壁芯方式

建築基準法の床面積の算定方法に準じた考え方である。これは，「壁芯（心）」というまさにこの言葉どおり，壁の中心までが専有部分であるとする考え方である。したがって，内法方式より壁芯方式のほうが専有面積は広くなる。

〈図2　専有部分の床面積〉

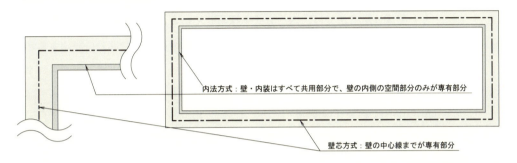

区分所有法

（共用部分の持分の割合）

第14条　各共有者の持分は，その有する専有部分の床面積の割合による。

2　前項の場合において，一部共用部分（附属の建物であるものを除く。）で床面積を有するものがあるときは，その一部共用部分の床面積は，これを共用すべき各区分所有者の専有部分の床面積の割合により配分して，それぞれその区分所有者の専有部分の床面積に算入するものとする。

3　前二項の床面積は，壁その他の区画の内側線で囲まれた部分の水平投影面積による。

4　前三項の規定は，規約で別段の定めをすることを妨げない。

（注）　分譲マンションの場合，規約によって共用部分の持分割合は，壁芯を基準にほとんど後日の利用を考えたパーセントで取決めをしている。

区分所有法14条1項では「各共有者の持分は，その有する専有部分の床面積の割合による」とあり，同条3項でその床面積は，「壁その他の区画の内側線で囲まれた部分の水平投影面積による」とある。この条文を見ると，区分所有法では専有部分と共用部分の境界について「内法方式」を採用しているように思うかもしれないが，そうではない。これは，床面積の測定方法として区分所有法では，内法方式を採用しているというだけのことであり，この規定によって専有部分の範囲を壁の内側線で囲まれた部分に限定する趣旨ではない。専有部分そのものの範囲の区画は，本条によっては律せられず，したがって，依然として法解釈及び規則に委ねられ，個別の規約によって運用されている。

4 資料

(1) 名称

居住用の区分所有建物は，一般的に「マンション」と呼ばれている。個々の建物の名称も「○○マンション」とするものが多いようだが，このほか，「メゾン○○」とか「○○ハイム」とか，様々な名称が区分所有建物につけられている。

また，商業用の区分所有建物の場合には，単に「○○ビル」とするものが多いようだが，このような名称のいかんにかかわらず，区分所有法1条に規定された要件さえ満たしていれば，区分所有建物として扱われる。

(2) 建築材料

一般的に「マンション」という言葉を聞いて頭に浮かんでくるのは，鉄筋コンクリート造の建物である。事実，大多数の区分所有建物は鉄筋コンクリートでできている。また，鉄筋コンクリート造の建物でなければ，区分所有法は適用されないと思っている人が多いようだが，区分所有法は，区分所有建物の建築材料を特に限定していないので，鉄骨鉄筋コンクリート造，鉄骨造，更には木造の建物であっても区分所有法の対象になる。

これまでは，建築基準法上の制限があり，高さ13メートル，または軒の高さが9メートルを超える建築物は，原則として主要構造部（床，屋根，階段を除く。）が鉄筋コンクリート造・れんが造等の耐火構造を有するものでなければならない（建基21条），防火地域内において3階（準防火地域内においては4階）以上の建築物を建てる場合も，原則として，耐火建築物にしなければならない（建基61条）とされてきたが，令和元年6月25日の建築基準法の一部改正以降，木造の高層化が条件次第で認められてい

くことは注目しておきたい。

(3) 構造

区分所有建物は，専有部分の構造によって，次の三つに分けることができる。

① 縦割り型（図ⓐ）

1棟の建物を垂直に複数の専有部分に区分した建物で，昔の長屋型式の建物である。タウンハウスやテラスハウスと呼ばれている建物もこの形式である。

この形式の建物では，各専有部分の壁や柱は共用だが，床や天井は独立している。各専有部分から直接外部へ出ることができるので，一般的には共通の玄関，廊下，階段などは無い。

② 横割り型（図ⓑ）

2階建て以上の建物を各階ごとに水平に区分して，専有部分とする場合で，ワンフロアごとに所有する場合である。商業用の区分所有建物によくみられる型式で，構造上，共通の玄関，廊下，階段などがある。

③ 縦横割り型（図ⓒ）

①と②を組み合わせた型式で，1棟の建物を垂直かつ水平に区分した建物であり，分譲用マンションなどは一般的にこの型式である。当然，共通の玄関，廊下，階段などがある。

〈図3 区分のイメージ〉

昨今では，商業用の階層の上部に居住用の分譲専有部分に存する，例えば駅ビルに更に駐車場が，一台毎で，また，数台毎の専有部分として区分された複合形式が，大都市に限らず全国の地方都市に登場してきている。

計画段階から，登記をどのように行うのか，意思決定しておく必要がある。

第2章 区分建物表題登記

第2章 区分建物表題登記

第1節 意義

　区分建物の表題登記は，登記されていない1棟の建物に属する区分建物の全部について，初めて登記記録の表題部を開設し，その物的状況を明らかにする登記である。区分建物が属する1棟の建物が新築された場合又は表題登記がない建物に接続して，別の建物が新築されて1棟の建物となった場合（不登48条1項）は，区分建物の表題登記を申請することになる。

◎　申請人及び申請期間

(1)　申請人

①　区分建物の表題登記の申請は，敷地権の有無にかかわらず，その所有権を原始的に取得した者（以下，「原始取得者」という。）から，新築後1か月以内に申請しなければならない（不登47条1項）。区分建物の表題登記の申請義務は，専ら原始取得者のみに課されており，原始取得者からその所有権を取得した者（「転得者」という。）には，申請義務もなければ，申請することもできない。ただし，建物が完成する以前に，所有権を変更又は移転していれば完成後の所有者が原始取得者となる。

　原始取得者Aに区分建物として登記をする意思が全くなく，建物完成後に実態上の所有権をBに移転した場合，Bが当該建物を区分建物として登記したいときには一旦建物として表題登記を申請し，その後建物区分登記を申請することになる。

　実務上は建物が未完成，未検査であれば，建築確認の建築主の変更等を行った上でBを原始取得者として，表題登記を申請している事例も見受けられる（例1，例2）。

②　区分建物の表題登記をする前に原始取得者について相続その他の一般承継があったときは，相続人その他の一般承継人も，被承継人（原始取得者）を表題部所有者とする区分建物の表題登記を申請することができる（不登47条2項）。なお相続人による場合は，相続人の一人から申請することもできる（例3）。

③　表題登記がある区分建物でない建物（非区分建物）に接続して区分建物を新築した場合における当該新築に係る区分建物の表題登記の申請は，当該表題登記がある建物についての表題部の変更の登記（非区分建物の区分建物への変更の登記）の申請と併せてしなければならない（不登48条3項。例4）。

第1節　意義

〈例1　登記申請書（規約で敷地権の割合及び規約敷地を定めた階層的区分建物の表題登記を申請する場合）〉

登　記　申　請　書

登記の目的　　区分建物表題登記

添付書類　　　建物図面　　各階平面図　　所有権証明書（所有権証明情報）
（添付情報）　住所証明書（住所証明情報）　　規約証明書（規約証明情報）
　　　　　　　代理権限証書（代理権限証明情報）・会社法人等番号
　　　　　　　調査報告書（情報）

令和元年8月20日申請　　A法務局B出張所

申　請　人　　A市B町二丁目2番3号
　　　　　　　〇〇建設株式会社
　　　　　　　　代表取締役　〇　〇　〇　〇
　　　　　　　　（会社法人等番号　0010-01-000001）

代　理　人　　A市B町二丁目3番4号　　土地家屋調査士　〇　〇　〇　〇　㊞
　　　　　　　連絡先の電話番号　00-1111-2222

一棟の建物の表示	所　　在	A市B町一丁目20番地，19番地2			
	建物の名称	〇〇マンション			
	① 構　造	② 床　面　積　m²		m²	原因及びその日付
	鉄筋コンクリート造陸屋根5階建	1階　355:50			
		2階　316:50			
		3階　316:50			
		4階　316:50			
		5階　316:50			

敷地権の目的である土地の表示	① 土地の符号	② 所 在 及 び 地 番	③地目	④ 地　積　m²	原因及びその日付
	1	A市B町一丁目20番	宅　地	452:50	
	2	A市B町一丁目19番2	宅　地	303:10	
	3	A市B町一丁目18番3	宅　地	250:00	

11

第2章　区分建物表題登記

	不動産番号	家屋番号	建物の名称	主たる建物又は附属建物	①種類	②構　造	③床面積 m²		原因及びその日付
専有部分の建物の表示			202号		居宅	鉄筋コンクリート造1階建	2階部分 63	52	令和元年8月5日新築

	①土地の符号	②敷地権の種類	③敷地権の割合	原因及びその日付
敷地権の表示	1・2	所　有　権	1000分の54	令和元年8月5日敷地権
	3	賃　借　権	100分の4	令和元年8月5日敷地権

土地家屋調査士　　〇　〇　〇　〇　　職印

第1節　意義

〈例2　登記申請書（同一の1棟の建物に附属建物がある区分建物の表題登記を申請する場合）〉

登　記　申　請　書

登記の目的　　区分建物表題登記

添付書類　　　建物図面　　各階平面図　　所有権証明書（所有権証明情報）
（添付情報）　住所証明書（住所証明情報）　　代理権限証書（代理権限証明情報）
　　　　　　　調査報告書（情報）

令和元年8月20日申請　　A法務局B出張所

申　請　人　　A市B町三丁目2番3号　　山　中　太　郎

代　理　人　　A市B町二丁目3番4号　　土地家屋調査士　○　○　○　○　㊞
　　　　　　　連絡先の電話番号　00-1111-2222

一棟の建物の表示	所　在	A市B町一丁目20番地			
	建物の名称				
	① 構　造	② 床　面　積　m²			原因及びその日付
	鉄骨造陸屋根2階建	1階　　　244｜92 2階　　　166｜86			

敷地権の目的である土地の表示	① 土　地の符号	② 所　在　及　び　地　番	③地目	④ 地　積　m²	原因及びその日付
	1	A市B町一丁目20番	宅　地	452｜50	

第2章 区分建物表題登記

	不動産番号	家屋番号	建物の名称	主たる建物又は附属建物	①種類	②構造	③床面積 m²		原因及びその日付
専有部分の建物の表示				主	居宅	鉄骨造1階建	2階部分 80	92	令和元年8月1日新築
				符号1	車庫	鉄骨造1階建	1階部分 14	16	

	①土地の符号	②敷地権の種類	③敷地権の割合	原因及びその日付
敷地権の表示	1	所 有 権	38672分の8092	令和元年8月1日敷地権
	1	所 有 権	38672分の1416	令和元年8月1日符号1の附属建物の敷地権

土地家屋調査士　〇　〇　〇　〇　[職印]

（注）　添付情報に規約証明書がないことにより，法定の敷地割合となり，専有部分の合計延床面積が分母，各専有部分の床面積がそのまま分子になる。

第1節　意義

〈例3　登記申請書（区分建物の表題登記を申請する前に原始取得者が死亡し，その相続人から申請する場合）〉

登 記 申 請 書

登 記 の 目 的　　区分建物表題登記

添 付 書 類　　建物図面　　各階平面図　　所有権証明書（所有権証明情報）
（添付情報）　　住所証明書（住所証明情報）　　相続証明書（相続証明情報）
　　　　　　　　代理権限証書（代理権限証明情報）
　　　　　　　　調査報告書（情報）

令和元年9月20日申請　　A法務局B出張所

所 有 者　　A市B町五丁目10番4号　　亡山中一郎

申 請 人　　A市B町五丁目10番4号　　山 中 太 郎
（相 続 人）　A市C町六丁目8番9号　　山 中 秀 和

代 理 人　　A市B町二丁目3番4号　　土地家屋調査士　○　○　○　○　㊞
　　　　　　連絡先の電話番号　00-1111-2222

一棟の建物の表示	所　在	A市B町五丁目10番地6			
	建物の名称	○○ビル			
	① 構　造	② 床　面　積 m²		m²	原因及びその日付
	鉄筋コンクリート造陸屋根3階建	1階 2階 3階	142:56 131:22 131:22		

敷地権の目的である土地の表示	① 土　地の符号	② 所 在 及 び 地 番	③地目	④ 地　積 m²	原因及びその日付
	1	A市B町五丁目10番6	宅　地	320:00	

15

第2章　区分建物表題登記

	不動産番号	家屋番号	建物の名称	主たる建物又は附属建物	①種類	②構　造	③床面積 m²	原因及びその日付
専有部分の建物の表示					居宅	鉄筋コンクリート造1階建	3階部分　124｜59	令和元年8月16日新築

	①土地の符号	②敷地権の種類	③敷地権の割合	原因及びその日付
敷地権の表示	1	所　有　権	3分の1	令和元年8月16日敷地権

土地家屋調査士　○ ○ ○ ○ ［職印］

第1節 意義

〈例4 登記申請書（既登記の非区分建物に区分建物が増築された場合に，増築した区分建
物の所有者が，自己所有の区分建物の表題登記及び既登記の建物の代位による表題部
の変更の登記を申請する場合）〉

（その1）

登 記 申 請 書

登 記 の 目 的　　区分建物表題登記

添 付 書 類　　建物図面　　各階平面図　　所有権証明書（所有権証明情報）
（添付情報）　　住所証明書（住所証明情報）　　代理権限証書（代理権限証明情報）
　　　　　　　　調査報告書（情報）

令和元年8月20日申請　　A法務局B出張所

申 　請 　人　　A市B町三丁目2番3号　　山 中 太 郎

代 　理 　人　　A市C町二丁目3番4号　　土地家屋調査士　○　○　○　○　㊞
　　　　　　　　連絡先の電話番号　00－1111－2222

一棟の建物の表示	所　　在	A市B町三丁目22番地				
	建物の名称					
	① 構　　造	② 床　　面　　積 m²			m²	原因及びその日付
	鉄骨・木造ス レートぶき3 階建	1階	143:59			
		2階	149:84			
		3階	121:46			

敷地権の目的である土地の表示	① 土 地 の符号	② 所 在 及 び 地 番	③地目	④ 地　積 m²	原因及びその日付
	1	A市B町三丁目22番	宅 地	327:52	

（注）　既登記の2階建建物（店舗）に居住用の区分建物を代位者が木造にて増築したことにより，
全体が2個の専有部分からなる区分建物となったケース。

第1編　区分建物の表示に関する概要

17

第２章　区分建物表題登記

	不動産番号	家屋番号	建物の名称	主たる建物又は附属建物	①種類	②構造	③床面積 m²		原因及びその日付
専有部分の建物の表示		B町三丁目22番の2			居宅	木造1階建	3階部分 108	90	令和元年8月5日新築

	①土地の符号	②敷地権の種類	③敷地権の割合	原因及びその日付
敷地権の表示	1	所　有　権	3分の1	令和元年8月5日敷地権

土地家屋調査士　○　○　○　○　　職印

（注）　本件は，もともと3分の1の土地持分を持っていた例である。

（その2）

登　記　申　請　書

登 記 の 目 的　　建物表題部変更登記

添 付 書 類　　建物図面　　各階平面図
（添付情報）　　代位原因証書（代位原因証明情報）（（前件添付）所有権証明情報援用）
　　　　　　　　代理権限証書（代理権限証明情報）
　　　　　　　　調査報告書（情報）

令和元年8月20日申請　　A法務局B出張所

所　有　者　　A市B町三丁目5番6号　　山 中 一 郎
（被代位者）

申　請　人　　A市B町三丁目2番3号　　山 中 太 郎
（代 位 者）

代 位 原 因　　不動産登記法第48条第4項

代　理　人　　A市B町二丁目3番4号　　土地家屋調査士　〇　〇　〇　〇　㊞
　　　　　　　連絡先の電話番号　00－1111－2222

一棟の建物の表示	所　在	A市B町三丁目22番地			
	建物の名称				
	① 構　造	② 　床　　面　　積　　　　m²		m²	原因及びその日付
	鉄骨・木造スレートぶき3階建	1 階　　　143:59　2 階　　　149:84　3 階　　　121:46			
敷地権の目的である土地の表示	① 土 地の符号	② 所 在 及 び 地 番	③地目	④ 地　積　　　　m²	原因及びその日付
	1	A市B町三丁目22番	宅 地	327:52	

19

第２章　区分建物表題登記

	不動産番号	家屋番号	建物の名称	主たる建物又は附属建物	①種類	②構　造	③床面積 m²		原因及びその日付
専有部分の建物の表示	所在　A市B町三丁目22番地				店舗	鉄骨造スレートぶき2階建	1階 2階	143:59 149:84	
		B町三丁目22番の1			店舗	鉄骨造2階建	1階部分 2階部分	130:58 136:83	令和元年8月5日区分建物増築

	①土地の符号	②敷地権の種類	③敷地権の割合	原因及びその日付
敷地権の表示	1	所　有　権	3分の2	令和元年8月5日敷地権

土地家屋調査士　○　○　○　○　職印

第 1 節　意義

(2)　申請期間

①　区分建物の表題登記の申請は，原始取得者から新築 1 か月以内（不登 47 条 1 項）に，その 1 棟の建物に属する他の区分建物の全部の表題登記と併せてすることを要する（不登 48 条 1 項）。

②　①の申請は，1 棟の建物に属する区分建物の全部につき，同一の申請書で申請することを要する。ただし 1 棟の建物に属する区分建物の全部につきその申請がされれば，各別の申請書によっても差し支えない（昭 58・11・10 民三 6400 号民事局長通達。以下「基本通達」という。）。

(3)　代位申請

①　区分建物の所有者は，1 棟の建物に属する他の区分建物の所有者に代位して，その他の区分建物の表題登記を申請することができる（不登 48 条 2 項, **例 5**）。

②　表題登記がある非区分建物に接続して建物を新築した当該区分建物の所有者は，当該表題登記がある建物の表題部所有者又は所有権の登記名義人又はこれらの者の相続人その他の一般承継人に代位して，当該表題登記がある建物の表題部の変更の登記を申請することができる（不登 48 条 4 項, **例 4**）。

　この①と②の代位は，民法 423 条に規定する債権者代位とは異なり，不動産登記法の規定により認められた特別の代位で「法定代位」といわれる。専有部分の区分建物所有者間には債権者，債務者の関係はないので，民法 423 条の規定が適用される余地はない（登先 268 号 34 頁）。

③　区分建物の所有権の原始取得者からその所有権を取得した者（転得者）は，区分建物の表題登記を申請することはできない（不登 47 条 1 項・2 項参照）。ただし，原始取得者がその区分建物の表題登記の申請をしないときは，転得者は，原始取得者に代位（債権者代位）してその申請をすることができる（民 423 条）。

第 2 章 区分建物表題登記

〈例 5 登記申請書（区分建物の所有者が，同一の 1 棟の建物に属する他の区分建物の所有
者に代位して表題登記を申請する場合）〉

登 記 申 請 書

登 記 の 目 的 　　区分建物表題登記

添 付 書 類 　　建物図面　　各階平面図　　所有権証明書（所有権証明情報）
（添付情報）　　住所証明書（住所証明情報）　　規約証明書（規約設定証明情報）
　　　　　　　　代位原因証明書（代位原因証明情報）
　　　　　　　　代理権限証書（代理権限証明情報）
　　　　　　　　調査報告書（情報）

令和元年 8 月 20 日申請　　A 法務局 B 出張所

所 　有 　者 　　A 市 B 町一丁目 2 番 3 号　　山 中 太 郎
（被代位者）

申 　請 　人 　　A 市 B 町三丁目 4 番 5 号　　川 田 三 郎
（代 位 者）

代 位 原 因 　　不動産登記法第 52 条

代 　理 　人 　　A 市 B 町二丁目 3 番 4 号　　土地家屋調査士 ○ ○ ○ ○ ㊞
　　　　　　　　連絡先の電話番号　00 - 1111 - 2222

	所　　在	A 市 B 町一丁目 20 番地			
一棟の建物の表示	建物の名称				
	① 構　造	② 　床　　面　　積 　　m²		m²	原因及びその日付
	鉄筋コンクリート造陸屋根地下 1 階付き 2 階建	1 階　　244 : 92 2 階　　244 : 92 地下 1 階　166 : 86			

敷地権の目的である土地の表示	① 土地の符号	② 所 在 及 び 地 番	③地目	④ 　地　積 　m²	原因及びその日付
	1	A 市 B 町一丁目 20 番	宅　地	472 : 97	
	2	A 市 B 町一丁目 19 番	雑種地	210	

（注）　被代位者が所有する 2 階建建物の地下部分を店舗として，建物と認定できるよう改築した
　　　ケース。

	不動産番号	家屋番号	建物の名称	主たる建物又は附属建物	①種類	②構造	③床面積 m²	原因及びその日付
専有部分の建物の表示					店舗	鉄筋コンクリート造1階建	地下1階部分 159 23	令和元年7月25日新築

	①土地の符号	②敷地権の種類	③敷地権の割合	原因及びその日付
敷地権の表示	1	所 有 権	3分の1	令和元年7月25日敷地権
	2	所 有 権	3分の1	令和元年8月5日敷地権

土地家屋調査士　○　○　○　○　職印

第2節　区分建物の表題登記に関する添付書類

(1)　建物図面，各階平面図

各階平面図は，現に登記の申請をする区分建物のみについて作成すればよく，一棟の建物の各階平面図を作成する必要はない（昭39・8・7民事甲2728号民事局長回答）。

(注)　実務上は地方税の課税対象を認定する目的にて作成し，添付している地域もある。

(2)　所有権証明書

申請に係る区分建物について，表題部所有者となる者が所有権を有することを証する書面を添付する。なお国又は地方公共団体の所有する建物について，これらの者が建物の表題登記を嘱託する場合は，所有権を証する書面の添付を便宜省略して差し支えない（準則87条3項）。

◎所有権証明書の例
① 建築確認通知書
② 検査済証
③ 工事完了引渡証明書
④ 固定資産課税台帳登録事項証明書
⑤ その他（工事代金領収書，工事請負契約書，火災保険証書等）

一般的には建物の所有権を証明する書面として上記の2点以上の添付が必要となる。①②と③の添付が一般的だが，①②が何らかの事情で添付できない場合は③④又は⑤等を組み合わせて添付する。

所有権証明書の添付の基本的な基準は調測要領及び法務局又は地方法務局の要領で定められている。

(3)　住所証明書

虚無人名義の登記を防止すると共に，正確な住所を登記する趣旨から，表題部所有者となる者の住所証明書を添付しなければならない（不登令別表12項・添付情報欄ニ）。また，不動産登記法49条1項後段の規定により併せて申請する所有権の登記があるときは，登記名義人となる者の住所証明書が必要となるが（不登令別表13項・添付情報欄リ），先の住所証明書を兼用することとなる。

第2節　区分建物の表題登記に関する添付書類

　申請書に，住民票コード（住基7条13号）を記載した場合は（申請人の住所に括弧書で併記（例えば「住民票コード12345678901」）），添付書類として住所証明書（住民票の写し等）を添付することを要しない（不登令9条，不登規36条4項）。特に，マイナンバー（個人番号）の記載は，近々大幅に変更される見込である。

(4) 相続証明書

　相続人が原始取得者である被相続人を表題部所有者とする区分建物表示登記を申請（不登47条2項）するときは，申請人が相続人であることを証する書面を添付しなければならない（不登令別表12の項の添付情報欄ト）。

(5) 代位原因証書

　区分建物の表題登記を転得者が（民423条の規定による。）債権者代位により原始取得者に代位して申請する場合は，その代位原因を証する書面（売買契約書等）を添付することを要する（不登令7条1項3号）。

　また，区分建物の所有者が他の区分建物についてその所有者に代位してその表題登記を申請するときには，その代位原因を証する書面として，代位申請人がその1棟の建物に属する区分建物の所有権を取得したことを証する書面を添付することを要するが，その書面として，他の申請書（代位者所有の区分建物の表題登記の申請書）に添付した所有権を証する書面を援用して差し支えない（基本通達第二・二・2）。

(6) 規約証明書
① 公正証書規約

　最初に建物の専有部分の全部を所有する者は，公正証書により，一定の事項について規約を設定することができる（区分所有32条）。

　「最初に建物の専有部分の全部を所有する者」とは具体的にはマンションの分譲業者のことである。規約は本来区分所有者の集会の決議で決めることであるが，最初に分譲業者が共用部分や敷地権の割合を決めておけば，マンション購入者が安心して買うことができる。このような「規約」に関する部分をマンションの分譲業者が決めることができるのが，この規定である。

　この規定は，文字通り「公正証書」でしか設定できない。
② 合意で作成する合意規約

第2章　区分建物表題登記

区分所有者全員の合意により作成する規約である（基本通達第2・五・4）。

③　集会の議事録

区分所有者及び議決権の各4分の3以上の多数による集会の決議による規約である（区分所有31条1項）。議長をはじめ3名が議事録署名することにより真正を担保する（区分所有42条）。

(7)　代理権限証書

資格者代理人である土地家屋調査士等に手続を依頼する場合に，手続を委任したことを証明する書類が「委任状」である。

委任状の記載事項は委任する登記申請に係わる登記事項，申請当事者，不動産の表示，委任年月日である。

会社などの法人が申請人となって不動産登記の手続を行う場合，委任状のほかに原則としてその法人の代表者の資格を証する情報の提供を要する（不登令7条1項1号）。しかし，不動産登記令，不動産登記規則の一部が改正され，平成27年11月2日より当該法人の「会社法人等番号」を提供すれば，資格証明情報の提出が省略できる。

26

第3章 敷地権と敷地利用権

第1節 専有部分と敷地利用権の一体化

土地と建物は元来，別々の不動産で，各別に取引（処分）の対象とすることができるが，区分所有建物の専有部分と敷地利用権は，原則として一つの不動産としての取引（処分）が求められる。

区分所有法

（分離処分の禁止）

第22条 敷地利用権が数人で有する所有権その他の権利である場合には，区分所有者は，その有する専有部分とその専有部分に係る敷地利用権とを分離して処分することができない。ただし，規約に別段の定めがあるときは，この限りでない。

2 前項本文の場合において，区分所有者が数個の専有部分を所有するときは，各専有部分に係る敷地利用権の割合は，第14条第1項から第3項までに定める割合による。ただし，規約でこの割合と異なる割合が定められているときは，その割合による。

3 前二項の規定は，建物の専有部分の全部を所有する者の敷地利用権が単独で有する所有権その他の権利である場合に準用する。

---

1 一体性の原則

敷地利用権が数人で有する所有権その他の権利である場合には，区分所有者は，その専有部分と，その専有部分にかかる敷地利用権とを分離して処分することができない。これを「専有部分と敷地利用権の一体性の原則」という。当初の区分所有法には，こうした規定が置かれておらず，この結果，権利関係が複雑化する，または登記簿が膨大化するなどの問題を生じていたため，昭和58年の改正によって専有部分と敷地利用権の一体化を規定する本条が新設された（昭和59年1月1日施行）。

「敷地利用権が数人で有する所有権その他の権利である場合」とは，建物の敷地に関する所有権その他の権利（地上権又は土地賃借権等）を複数人で共有又は準共有している場合である。そして，これらの権利が登記されたものである場合において，分離処分可能規約が特に設定されていないときは，建物の登記記録に「敷地権」の表示がされる。

第3章　敷地権と敷地利用権

　敷地権とは，専有部分との分離処分が禁止される敷地利用権であって，かつ登記されたものをいう（不登44条1項9号）。

　敷地利用権には，所有権，地上権又は賃借権のほか，使用貸借契約上の権利（使用借権）も含まれるが，敷地権の表示がされているのであれば，少なくとも登記することができる権利であることになり，それは所有権，地上権又は賃借権に限られる（不登3条1号・2号・8号）。

　敷地権の表示がされる結果，専有部分の処分に伴う敷地利用権の処分はその度ごとに土地登記簿に登記する必要がなくなり，土地の登記簿には処分に関する登記はなされない仕組みになっている。

　以上の結果，専有部分が譲渡されれば，原則として敷地利用権も譲渡されることになるほか，専有部分に抵当権が設定されれば，その効力は敷地利用権にも及ぶことになる。

COLUMN

　旧不動産登記法の時代，マンションの登記簿はいつも使用中で登記事項が膨大でとても不便な百科事典のような書類だった。
　一体性の原則により，土地登記簿には処分に関する登記は不要となりスッキリした。

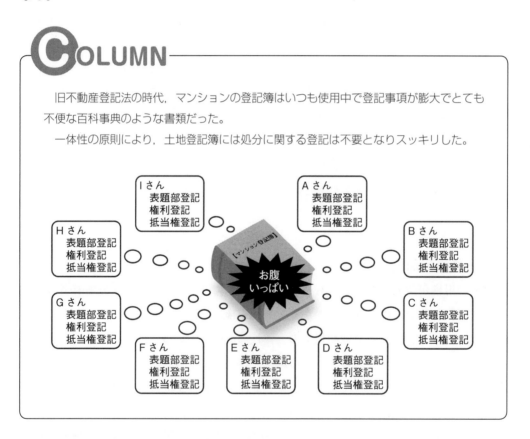

2　敷地利用権の持分の割合

　敷地利用権が数人で有する所有権その他の権利である場合において，区分所有者が数個の専有部分を所有するときは，各専有部分に係る敷地利用権の割合は，区分所有法14条1項から3項までに定める「専有部分の壁その他の区画の内側線で囲まれた

部分の水平投影面積」の割合となる。

また，規約でこれと異なる割合が定められているときは，その割合となり得るが，この場合には，規約には必ず「割合そのもの」を定めなければならない。

その典型的な割合が専有部分間の界壁（戸境壁など）の中心線で囲まれた一部分の面積（壁芯面積）に基づく割合といえる。

ところで，敷地利用権がその共有者（準共有者）に必ず割り当てられると考えた場合，区分所有者が1戸ずつ専有部分を所有している状態で専有部分が処分された場合には，区分所有者一人に対応する敷地利用権が一体的に処分されたことは明らかである。

しかし，敷地の持分には民法の規定が適用となることで，区分所有者が専有部分を1戸ずつ有する場合，特に取決めがなければ，その割合が相等しいものと推定されることになるほか，数個の専有部分を所有する一人の区分所有者が存在する場合にも，特に取決めがなければ，その区分所有者は，その複数の専有部分に対応する複数の敷地利用権を有しているのではなく，数個の専有部分の全部に対応して一つの持分を有するにすぎないと推定されてしまうことになる。

そうなると，数個の専有部分を所有する区分所有者がそのうちの1戸を処分したとき，これと一体的に処分される敷地利用権の割合が定まっていないと，その1戸の処分によってどれだけの割合の敷地利用権が処分されたのかが明らかではなくなり，不都合が生ずる。

そのために，区分所有者が数個の専有部分を所有するときの各専有部分にかかる敷地利用権の割合についての区分所有法22条2項が規定されている。

3 分譲業者等への準用

区分所有法22条1項と2項の規定は，建物の専有部分の全部を所有する者が単独で敷地利用権を有する場合にも適用がある。これは例えば，マンションの分譲業者が新たにマンションを建築した場合のように，土地について単独で所有権又は借地権を有する者が，その土地の上に区分所有建物を建築し，その専有部分の全部を原始的に所有したようなケースである。

このような場合には，その時点から一体性の原則が適用されるため，分譲業者は，各専有部分とそれに対応した敷地利用権とを一体的に分譲（処分）する義務を負う。その際に，分譲業者が1の専有部分と一体的に分譲しなければならない敷地利用権の割合は，公正証書による規約（区分所有32条）で一体化の原則を排除（区分所有22条1項ただし書）し，または区分所有法22条2項ただし書の規定に基づく規約の定めがない限り，区分所有法14条1項から3項までに定める割合（その専有部分の壁その他の区

第3章　敷地権と敷地利用権

画の内側線で囲まれた部分の水平投影面積の割合）による。

4　一体性の原則の排除

　区分所有法22条1項ただし書の規定のとおり，規約に定めを置くことによって，一体性の原則を排除することができる。

　現行法の趣旨からも，専有部分と敷地利用権がそれぞれ別の者に帰属することは好ましくない。そのほかにも，仮にこの規約を定めて分離処分をしようとしても，専有部分だけを有する区分所有者が直ちに区分所有法10条に規定された売渡請求権の行使の対象となることから，取引等の点でも実益がないと考えられるため，実際にこの規約が定められるのは，そうせざるを得ない特殊な事情があるケースに限られるといえる。

　区分所有者の団体が自主的にこの規約を定めるケースとして，規約敷地となっていた土地に収用等の事情が生じたことによって，規約敷地を定めていた規約を廃止した場合などが考えられる。

　また，分譲業者がこの規約を定めるケースとして，広い1筆の土地に数期に分けて区分所有建物を新築する場合に，2期以降に建てられる建物に対して割り当てるべき敷地利用権を留保する必要がある場合（区分所有32条の公正証書規約を参照）などが考えられる。

　特に前者の場合，実務的には，集会の多数決議に基づいてこの規約を定めただけで分離処分が可能になるのではなく，集会の議事録等を添えて敷地権の表示の登記の抹消を申請する手順を踏んで初めて分離処分が可能になる。

　なお，タウンハウスやテラスハウスと呼ばれる区分所有建物のうち，敷地利用権が分有の形態となっている建物については，そもそも区分所有法22条1項本文に規定された「数人で有している状態」にはないため，一体性の原則を排除しておいた方がのぞましく，区分所有法の他の規定には支障が残るものの，分有であることを優先し，将来，戸建住宅のように個別で処分ができるよう，分離処分可能とするよう，実務上すすめられたい（『五十嵐マンション』84頁）。

30

第2節 敷地権に関する添付書類

1 規約

(1) 規約敷地

敷地権の目的である土地が規約敷地であるときは，その規約を証する書面を添付しなければならない（不登令別表12項・添付情報欄ヘ・(1)）。

(2) 規約割合

敷地権の割合が規約割合によるものであるときは，その規約を証する書面を添付しなければならない（不登令別表12項・添付情報欄ヘ・(2)）。

(3) 他管轄の規約敷地

敷地権の目的である土地に他の登記所の管轄に属するものがあるときは，その土地の登記事項証明書を添付しなければならない（不登令別表12項・添付情報欄ヘ・(3)）。

(4) 分離処分

区分所有者が法定敷地につき登記された所有権，地上権又は賃借権を有する場合において，これらの権利が敷地権でないものとして申請するときは，これらの権利が敷地権でないことを証する書面（分離処分可能規約を証する書面）を添付しなければならない（不登令別表12項・添付情報欄ホ）。

(5) 一部分離処分

登記された土地の所有権，地上権又は賃借権の一部が敷地権でない場合は，その一部が敷地権でないことを証する書面（分離処分可能規約を証する書面）を添付しなければならない（基本通達第二・五・3）。

> 実際の敷地権割合は，各分譲業者が自由にその割合を定めているが，主に2通りの考え方がある。販売時は壁芯面積しかまだ分からないので，専有部分として分譲する専有部分の壁芯面積を全て合計した延床面積を分母とする場合と，パーセントに置きかえて分母を10万，100万といった分かり易い表記とする場合があり，後者の方が管理規約上の各専有部分の負担（維持管理費等）の計算等が簡便となる。

第3章　敷地権と敷地利用権

2　規約敷地

区分所有法

（規約による建物の敷地）
第5条　区分所有者が建物及び建物が所在する土地と一体として管理又は使用をする庭，通路その他の土地は，規約により建物の敷地とすることができる。
2　建物が所在する土地が建物の一部の滅失により建物が所在する土地以外の土地となつたときは，その土地は，前項の規定により規約で建物の敷地と定められたものとみなす。建物が所在する土地の一部が分割により建物が所在する土地以外の土地となつたときも，同様とする。

　わが国の民法では，建物と土地は別個独立の不動産とされ，それぞれについて所有権が成立するために，同一人が所有する建物とその敷地を別々に処分することができる。建物だけを，または土地だけを処分することができるのはもちろんのこと，双方を別人に処分することもできる。いずれの場合も，処分の結果，建物の所有者と敷地の所有者が異なることになる。この場合，建物の所有者に土地を利用する権利，例えば地上権（民265条）や賃借権（民601条）がない限り，権原なく土地を占拠していることになるので，建物を撤去して立ち退かざるを得ない。土地利用権のない建物は砂上の楼閣に等しいからである。

　以上のことは，本来ならば，不動産として非区分建物と同視される区分建物についてもそのまま当てはまるはずである。しかし，区分所有法は，建物と敷地を別々に処分できるという民法の原則を排し，専有部分に対する区分所有権とその敷地に対する利用権（敷地利用権）を一体化し，両者を別々に処分することを原則的に禁じている（区分所有22条1項本文）。

　すなわち，専有部分を譲渡すれば，それに伴って当然に敷地利用権も移転するという原則が採用されている。

　ところで，この一体化の原則を適用するためには，専有部分と一体として処分される敷地の範囲があらかじめ画定されていなければならない。なぜなら，それが定まっていないと，専有部分の買主が不測の損害を被るおそれがあるからである。

　区分所有法上，専有部分と一体化して処分される「建物の敷地」は2種類ある（区分所有2条5項）。一つは，建物の所在する土地である。これは，法律上当然に一体化されるので「法定敷地」という。具体的にいうと，法定敷地とは，区分所有建物が建っている1筆又は数筆の土地（底地）の全体をいう。もう一つは，区分所有者が規約で建物の敷地と定めた土地である（区分所有2条5項・5条1項）。これを「規約敷地」

という。

　規約敷地を定める必要があるのは，次のような場合である。隣接する甲地と乙地を区分所有者全員が共有し，区分所有建物は甲地に建っているとする（**図4参照**）。この場合，法定敷地は甲地のみであるから，各区分所有者は専有部分と乙地に対する共有持分権を分離して処分することができる。しかし，乙地が庭や通路として使用されている場合，専有部分を譲り受けて他の共有持分を譲り受けていない者は，甲地は使用できても，庭や通路を使えないことに，不都合が生じてしまう。そこで，乙地も甲地（法定敷地）と同じように専有部分と一体化させるとこの様な問題を回避できると考えられる。こうした場合に対処するため，区分所有法は規約により一体化を認めたのである。庭や通路のほか広場，駐車場，テニスコート，附属建物敷地も規約敷地にすることができ，法定敷地と規約敷地との距離にも特別の定めはない（例えばＡマンションの区分所有者専用テニスコートが20キロメートル程度離れた場所にあっても規約敷地とすることができる。区分所有5条1項）。

〈図4　法定敷地と規約敷地のイメージ〉

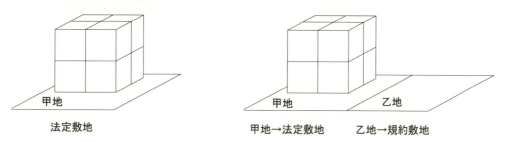

3　みなし規約敷地

　例えば，甲地と乙地の2筆にまたがる1棟の区分所有建物のうち，乙地上の建物部分だけが地震などにより滅失してしまった場合，乙地はもはや区分所有建物が所在する土地，すなわち法定敷地ではなくなるので，一体化の原則は乙地には及ばなくなってしまう。その結果，区分所有者が乙地に対する共有持分権を専有部分と分離して処分することが可能となり，他の区分所有者はそれを阻止することができないために，区分所有法61条により建物の復旧を行うことが困難になってしまう。

　そこで，区分所有法5条2項により，建物の一部が滅失したことにより法定敷地でなくなった場合でも，その敷地は，規約で実際に定めていなくても，法律上，当然に規約敷地とみなされ，専有部分との一体性が維持される。

　また，建物が所在する敷地の一部が空地である場合に，その空地部分だけを分筆すると，その土地は法定敷地ではなくなってしまうため，区分所有法5条2項により，やはり，その空地の土地は規約敷地とみなされる。これらを「みなし規約敷地」という。

第4章 共用部分

> **区分所有法**
>
> （定義）
> **第2条**
> 4　この法律において「共用部分」とは，専有部分以外の建物の部分，専有部分に属しない建物の附属物及び第4条第2項の規定により共用部分とされた附属の建物をいう。
>
> （共用部分）
> **第4条**　数個の専有部分に通ずる廊下又は階段室その他構造上区分所有者の全員又はその一部の共用に供されるべき建物の部分は，区分所有権の目的とならないものとする。
> 2　第1条に規定する建物の部分及び附属の建物は，規約により共用部分とすることができる。この場合には，その旨の登記をしなければ，これをもって第三者に対抗することができない。

> ① 建物の部分については，専有部分又は共用部分のどちらかに必ず属する仕組みになっている。
> ② 共用部分は，法律上当然に共用部分となる法定共用部分と，規約を定めることによって初めて共用部分となる規約共用部分に分類される。
> ③ 規約共用部分とすることができる部分は，区分所有権（専有部分の場合）又は所有権（附属の建物の場合）の目的となり得る部分である。

1　総論

共用部分とは，1棟の区分所有建物やその附属の建物のうち「区分所有者全員の共同の利益のために設計又は設置されている部分」と言い表すことができ，区分所有法2条4項で次の三つに分類される。

> ① 専有部分以外の建物の部分
> ② 専有部分に属しない建物の附属物
> ③ 区分所有法4条2項の規定により規約で共用部分とされた附属の建物

ここで，「建物の部分」とは，建物（本体）箇所を指す。

つまり，「建物の部分」には，共用の廊下・階段，エレベーター室（エレベーターシャフト），屋上などはもとより専有部分も含まれるが，このうち専有部分以外の建物の部分は，屋上機械室等をはじめとして，ほとんどを共用部分としている。

また，建物の附属物とは，建物の効用を助け，建物と一体不可分の関係にあるものをいい，給水管，排水管，ガス管，電気の配線，エレベーター，消防設備等が挙げられるが，このうち専有部分に属しないものを共用部分としている。

　言い換えれば，建物の部分や建物の附属物については，専有部分又は共用部分のどちらかに必ず属することとし，どちらにも属さないような箇所は存在しないことにしたのである。

　これに関連して，区分所有法のところどころに「建物」という用語が出てくるが，この「建物」とは，常に専有部分と共用部分の両方を指している。

　区分所有法4条では，廊下又は階段室などの建物の部分が区分所有権の対象にはなり得ないことを1項で規定している。一方，2項では，すでに2条4項で例示された附属の建物のほか，専有部分となり得る建物の部分についても，規約で定めることによって共用部分とすることができることを規定している。

　つまり，共用部分については，法律上も当然に共用部分となる法定共用部分と，規約を定めることによって初めて共用部分となる規約共用部分とに分類される。

2　法定共用部分

　区分所有法4条1項に基づいて共用部分と判断される廊下や階段室などの建物の部分が法定共用部分になる。

　構造上と利用上の独立性を同時に満たさない建物の部分は，専有部分になり得ないことになるが，この関係から，法律上も当然に共用部分といわれるゆえんである。

　例えば，エレベーター室については，エレベーターが上下する建物の部分として，構造上の独立性は満たされるが，独立して建物としての用途に供することはできない（利用上の独立性を満たさない。）ことから，専有部分になり得ない部分であることが明らかであるため，法定共用部分になる。

　管理室・管理員室・管理事務室と呼ばれる一室（部分）については，その用途が管理室に限定されていると判断できるようなものについては法定共用部分に当たり，住み込みの管理員の居室としても併用されている（住居の用途にも供し得る。）形態のものについては，規約共用部分に当たると解されており，規約共用部分とするには規約で定める必要がある。

　また，建物の附属物については，専有部分に属するものは専有部分となり，専有部分に属しないものは法定共用部分となる。

第4章 共用部分

3 規約共用部分

すでに記したとおり，構造上の独立性と利用上の独立性を有する建物の部分や附属の建物については，規約にその旨を定めることによって共用部分とすることができる。

建物内で，管理室や集会室や倉庫など共用スペースとして使用されている専有部分となり得る区画のほか，別棟の建物となる集会所や倉庫などがこれに当たるが，これら規約共用部分は，規約で定めることによって共用部分となり，逆に，その規約を廃止することによって，共用部分ではなくなる関係にある。

規約による定め，ないしはその廃止の手続は，区分所有法31条1項に規定された規約の設定，変更又は廃止の方法により，区分所有者及び議決権の各4分の3以上の多数による集会の決議が必要である。

区分所有法

（規約の設定，変更及び廃止）

第31条 規約の設定，変更又は廃止は，区分所有者及び議決権の各4分の3以上の多数による集会の決議によつてする。この場合において，規約の設定，変更又は廃止が一部の区分所有者の権利に特別の影響を及ぼすべきときは，その承諾を得なければならない。

2 前条第2項に規定する事項についての区分所有者全員の規約の設定，変更又は廃止は，当該一部共用部分を共用すべき区分所有者の4分の1を超える者又はその議決権の4分の1を超える議決権を有する者が反対したときは，することができない。

---

4 法定共用部分と規約共用部分の違い

法定共用部分と規約共用部分との決定的な違いは，法定共用部分に当たる箇所は構造上と利用上の独立性を同時に満たさないために，元来，権利に関する登記の対象にならない部分であるのに対し，規約共用部分とすることができる箇所は，本来，独立して区分所有権（建物の部分の場合）や所有権（附属の1棟建物の場合）の対象（権利に関する登記の対象）となり得る点にある。

このようなことから，規約共用部分については，共用部分である旨の登記をしなければ，第三者に対抗することができないこととされている（区分所有4条2項）。

例えば，区分所有者Aさんの所有する専有部分（101号室）を，Aさんの承諾を得て規約共用部分にした場合，同じ建物内の区分所有者（当事者：規約に拘束される。）の間では，共用部分である旨の登記をしなくても，この規約の定めだけで，101号室が共用部分であることを主張することができる。しかし，その旨の登記をしないままAがBさん（第三者：規約に拘束されない。）に101号室を譲渡した場合，区分所有者は，

Bさんに対し、「101号室は共用部分であり、その譲渡の取引が無効である」と主張することはできない。

特に、1棟の建物内の一つの居室を規約共用部分としたような場合、外見では普通の住居と区別できないこともあって、専有部分と間違えて購入する人などがいるかもしれず、そのようなことが起こらないためにも、共用部分である旨の登記が必要ということになる。

なお、新築のマンションの分譲を受ける場合、1棟の建物内の専有部分らしき1室や附属の建物が共用部分に当たることが事前に定まっているほうが、買主にとって安心できることはいうまでもない。

こうしたことから、規約共用部分を定める旨の規約については、最初に専有部分の全部を所有する者（分譲主など）が公正証書によって設定することが認められている（区分所有32条。**例6**）。

区分所有法

（公正証書による規約の設定）

第32条 最初に建物の専有部分の全部を所有する者は、公正証書により、第4条第2項、第5条第1項並びに第22条第1項ただし書及び第2項ただし書（これらの規定を同条第3項において準用する場合を含む。）の規約を設定することができる。

---

5 専有部分の範囲や共用部分との境界など

1（34頁）で前述したとおり、区分所有法は、1棟の建物の部分や建物の附属物が専有部分又は共用部分のどちらかに必ず帰属することを規定している。ここでは、建物の部分については、区分所有権の対象となる範囲は、登記された専有部分の床面積（水平投影面積）によって数量的には明らかにされる。

しかし、例えば、専有部分を囲むコンクリートの表面や、ちょうど境界線上に位置する窓枠・窓ガラスや玄関扉などの開口部が専有部分と共用部分のどちらに当たるのかといったことのほか、専有部分の専用管がコンクリート床スラブ（共用部分）を貫通して竪主管（共用の本管）に至っている場合の「貫通部」が専有部分と共用部分のどちらに当たるのかといったような細かいことまでは、規定していない。

また、多くの新築マンションは、建物の完成前（登記がされる前）に分譲が開始されることになるが、この段階では、分譲の対象となる専有部分の床面積を界壁の中心線に基づいて測定した面積（図面上で算出可能な面積）とせざるを得ない事情があることから、専有部分間の境界に対する考え方にも諸説が存在することになる（6頁参照）。分譲に際しては一般的に、具体的な管理規約を販売側で作成しているが、区分所有法

第4章 共用部分

上誤った内容のものもあり，登記の専門家として，重要事項説明書や販売パンフ等の
記述については，訂正を申し入れる等が必要なケースもあり，注意を要する。

5　専有部分の範囲や共用部分との境界など

〈例6　登記申請書（区分建物を共用部分としたことによる登記を申請する場合）〉

登 記 申 請 書

登 記 の 目 的　　共用部分である旨の登記

添 付 書 類　　規約証明書（規約設定証明情報）　　承諾書（承諾証明情報）
（添付情報）　　代理権限証書（代理権限証明情報）
　　　　　　　　調査報告書（情報）

令和元年8月20日申請　　A法務局B出張所

申　　請　　人　　A市B町三丁目2番3号　　山　中　太　郎

代　　理　　人　　A市C町二丁目3番4号　　土地家屋調査士　○　○　○　○　㊞
　　　　　　　　　　連絡先の電話番号　00－1111－2222

一棟の建物の表示	所　在	A市B町一丁目5番地			
	建物の名称				
	① 構　造	② 　床　　面　　積　　　m²			原因及びその日付
	鉄筋コンクリート造陸屋根3階建	1階	463：23		
		2階	463：23		
		3階	383：33		

敷地権の目的である土地の表示	① 土　地の符号	② 所 在 及 び 地 番	③地目	④ 地　積　m²	原因及びその日付
	1	A市B町一丁目5番	宅地	689：10	

39

第4章　共用部分

	不動産番　号	家屋番号	建物の名　称	主たる建物又は附属建物	①種類	②構　造	③床面積 m²	原因及びその日付
専有部分の建物の表示		5番の1	101号		車庫	鉄筋コンクリート造1階建	1階部分 105:50	令和元年8月5日規約設定共用部分

	①土地の符号	②敷地権の種類	③敷地権の割合	原因及びその日付
敷地権の表示	1	所有権	1309分の0	

土地家屋調査士　○　○　○　○　職印

第2編
区分建物に関する事例

第1章 遺言書による建物区分登記（事例1）

　本事例は，土地家屋調査士が遺言（公正証書）に基づく建物区分登記の委託を受けたが，その内容に不備があり相続人の間で相続権を巡り争いとなったため，登記申請可能となるまでに数年要した。

　遺言書の作成段階で土地家屋調査士の関与があれば，このような事態には発展しなかったと思われる。

　遺言書作成に多少とも携わる可能性のある方々（弁護士・司法書士・行政書士・税理士等の資格者，市区町村・公証役場等の役所，銀行・信用金庫等の金融機関，不動産会社や親族等）には，表示に関する登記手続が必要となる場合には事前に土地家屋調査士に相談されることを推奨したい。

〈図5　事例1のイメージ〉

6階	601	602	603	604
5階	501	502	503	504
4階	401	402	403	404
3階	301	302	303	304
2階	201	202	203	204
1階	101	102	103	エントランス

相続人B

相続人A

争われた物置

法定共用部分

ゴミ置場（規約共用部分）

1　正確さが求められる遺言書

　本件は，被相続人が残した遺言（公正証書）に基づいて，非区分建物として登記されている普通建物の賃貸マンションを区分登記する「建物区分登記」事例である。

　遺言書の内容の不備は，区分登記することで専有部分となる物置の記載がなく，その相続人の特定ができなかったことである。物置は1平方メートル程度と広くはない

が，普段からの感情問題が絡み相続人二人の間で相続権を譲らず争いに発展した。他者から些細なことと思えても，遺言書の内容は明確であることが求められる典型例である。万が一にも遺漏があってはならない。

2　問題を未然に防ぐ登記方法があった

この問題を未然に防ぐ登記方法があった。その方法は次の2通りあるが，特に(2)の方法が取られなかったことが悔やまれる。

(1) 新築後，表題登記時に区分建物として登記しておくこと。こうすることで当然物置も専有部分として明確に登記に反映された。
(2) 被相続人が遺言書を作る時点で，先に建物区分登記をすることで(1)と同様の結果が得られる。その上で遺言書の作成をする。

この(1)・(2)のどちらかで区分登記しておけば，遺言書を作成する時点では物置を含む各専有部分は明確になっており，本事例のような問題は起きる要素はなかった。

3　事前に区分登記の勧め

このような事態が起きたこと—被相続人の想いが，遺言書の不備により仇となったこと，相続人間で取返しがつかない事態になったことが非常に残念である。このことから，相続人が複数の場合，区分登記が可能な建物については，所有者（被相続人）が健在な時点で建物区分登記を勧めるのは，遺言書作成に多少とも携わる可能性のある方々の役目ともいえる。

なお，第2章5に普通建物として1個で登記される理由と区分登記の勧めを詳述した。

賃貸マンションの区分登記

5階建の賃貸マンションの表題登記依頼があった。委託者は個人であり当然普通建物として登記するものだと思っていた。念のため「区分建物として登記する方法もありますよ。」との説明したところ，ご本人は「最初からそのつもり。」とのこと。事件を受託する際は思い込みに注意して調査・測量実施要領を紐解くことが必要である。

第2章 オーナーマンションの再販事業（事例2）

　オーナーマンション（ここでは，投資用に所有している1戸あるいは数戸のマンションではなく，自己所有地に建築した賃貸マンション（一部又は全部）をいう。）の一部又は全部を買い取り，再販売する不動産事業（再販事業）がある。

　オーナーマンションは普通建物1個で登記されていることが多い。1個の場合その一部又は全部を分譲マンションとして再販売するためには，建物区分登記をしなければならない。建物区分登記をすることで各専有部分が特定でき再販売が可能となる。

　建物区分登記の委託を受けた土地家屋調査士は，1棟全階と再販売対象専有部分の現況を調査・測量を行い，その結果を登記申請に反映させる。新築時と変更がなければ問題はないが，増築・改築等により建ぺい率オーバーなど建築基準法上の不適格建築物となっている場合がある。違法又は不適格建築状態であっても建物区分登記は可能であるが，違法状態を解消できず再販事業が中止された事例である。

1　オーナーマンションに散見される違法建築

　本事例は，所有者が1階の店舗・6階のベランダを増築した結果，違法建築物（建ぺい率・容積率オーバー）となった。ベランダの原状回復は容易であったが，店舗は増築部分が増築前の店舗と一体として賃貸されており，賃貸借契約上（契約違反・補償問題）の関係で原状回復することができず再販事業が中止された。

　社宅も再販事業対象となるが普通建物1個での登記が一般的である。再販売することに，理論的にはオーナーマンションと同様であるが，社宅本体は違法事例はないといっても過言ではない。オーナーマンションでみられる不適格建築事例を図にした。

〈図6　事例2のイメージ〉

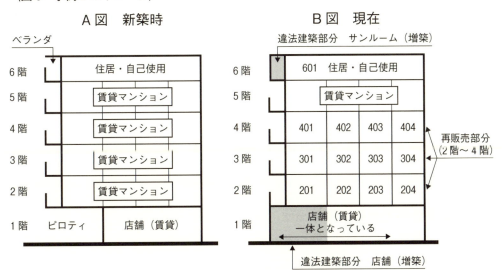

> **A図　新築時を表した図**
>
> 　新築時に違法建築部分はなく，1棟全部をオーナーが所有しており，1個で登記されている。当初の使用状況は，次のとおりである。
>
> ・1階　店舗として賃貸している。
>
> ・2階～5階　賃貸マンションとして賃貸している。
>
> ・6階　自己の住居として使用している。
>
> **B図　増築後の現状を表した図**
>
> 　新築時との相違点（増築・違法建築部分）は，次のとおりである。
>
> ・1階　店舗前のピロティ3方向をブロックで区画して増築後，店舗との隔壁が撤去され既存店舗と一体として賃貸されている。
>
> ・6階　ベランダにサンルームが増築されている。
>
> ・2階から4階12戸の住戸が不動産会社に売却されて，再販売される部分。

2　違法建築物と建物区分登記の関係

　増築による違法建築であっても，所有者は増築後1か月以内に増築登記を申請する義務がある（不登51条1項）。

　建物区分登記は義務ではなく任意であるが，適法・違法に係わらず，増築されている場合は建物区分登記の前提として増築登記を行う必要がある。

3　違法建築物─再販事業の中止

　本事例の場合，建物区分登記を行うには，まず1階と6階の増築部分について増築登記を先に行う必要がある。

　再販事業の不動産会社は，本来買取り対象の2階から4階の12戸が区分登記されれば満足であるが，増築登記の結果，増築後の床面積と増築年月日が登記上明らかになる。

　結果として違法建築であることが明らかになるため，購入者には金融機関の審査上融資はなされずに分譲マンションとして再販売ができなくなる。再販事業を進めるためには違法状態を解消する必要があるが，解消できない場合は再販事業の中止を余儀なくされる。

4　違法建築物と土地家屋調査士

　現況が違法建築である建物の区分登記委託が土地家屋調査士にあった場合，登記申請の選択肢は次の2通りが想定できる。

(1) 現況を反映する増築登記を建物区分登記の前に申請すること（この結果，違法建築が登記上明らかになってもやむを得ない。）。

(2) 1階と6階の原状回復後，建物区分登記を申請する。

オーナーマンションは比較的多くのマンションで，このような事例がみられることから，瑕疵のない現地調査・測量が必要となろう。

5 普通建物として1個で登記される理由と区分登記の勧め

賃貸マンション新築後，区分建物として表題登記されるケースは稀にあるが，普通建物1個で登記されることが多い。その理由は主に初期投資費用の登記費用を抑えることにあると推測される。

新築後1個で登記する場合と，区分建物として登記した場合を所有者の観点からプラス（＋），マイナス（－）で表すと次のようになる。

■ 新築後，1個で登記した場合

・初期投資費用が抑えられる（＋）

・将来，建物区分登記をする場合，合計登記費用は割高となる（－）

・銀行などへの担保提供は（過剰担保であっても）1個でするしかない（－）

・将来，建物区分登記をしないで（できないで）売却するには1個まるごと売却するしか選択肢はない（－）

・将来，マンションの一部を売却する場合，建物区分登記が必要であるが，増築されている場合は，建物区分登記が事実上できないことがあり得る（－）

■ 新築後，区分登記した場合

・初期投資費用（登記費用）はかさむ（－）

・将来，区分建物とする登記をする必要はない（＋）

・銀行などへの担保提供は，必要に応じた専有部分を提供すればよい（＋）

・一部の専有部分をいつでも売却することが可能である（＋）

・仮に増築されて違法建築となっている部分があっても，専有部分の処分（売却・担保提供など）絶対にできなくはない（＋）

このように，新築後すぐに区分建物として登記することで，将来起こりうる課題（担保提供・売却・相続など）に対して柔軟に対応することが可能となる。

登記費用は，一旦普通建物として1個で登記した後，区分建物として登記する場合は，当初から区分建物として登記した場合に比較して，登記件数が増えることもあり割高になる可能性が高い。

第2章　オーナーマンションの再販事業（事例2）

初期登記費用の軽減を図ったことが，将来逆に高くつくこともあり得ることを所有者は理解される必要があろう。結果として，当初から区分建物として登記される方は先見の明があるという見方もできる。

6　サンルーム増築の露見事例

本事例は，分譲マンションの住戸のベランダにサンルームを増築するため，金融機関から借入れが必要となり，増築工事完了後に住戸を担保に借入れをした。その際，現状に合わせる登記を求められ，増築登記（区分建物表題変更登記）を行った。

後日，他の区分所有者がマンションの登記情報を取得した折，1棟の床面積が増築登記されていることに気付いた。

管理組合が調査した結果，サンルームの増築が露見したものである。

顛末は原状回復工事を行い，登記についても元通りに戻す床面積変更登記が行われたものである。

第3章 等価交換方式マンション―地権者所有地の登記方法

等価交換方式マンション（以下,「等価マンション」という。）の概要は次のようになる。土地提供者（以下,「地権者」という。）が,土地を不動産会社に提供する際の登記方法が課題であり主な2案をあげる。

・土地の所有者が,自己所有地を不動産会社に提供する。

・不動産会社は建築資金を負担して等価マンションを建築する。

・地権者は提供した土地の代わりに新築した等価マンションの一部の専有部分を受け取る。

・新築した等価マンションの登記は区分建物とすることは必然である。

簡潔に表現すれば「自己所有地を不動産会社に提供し,その土地に新築された等価マンションの一部の専有部分を受け取る。対価を支払うことはない」（建築費は不動産会社が負担する。）。

等価マンションは,事業計画から完了まで数年以上要することがある。その間に地権者に不測の事態（意思無能力・失踪・死亡等）が起きることを想定しなければならない。不動産会社と地権者双方が協力をしての事業であるが,双方の利益が相反する事柄が多くあり,代表的なものは地権者が提供する土地を不動産会社に移転する登記方法である。その代表的な2案を次にあげる。

地権者提供地を不動産会社に所有権を移転し登記する方法2案の概要を記述した上,それぞれ詳細を記述する。

1 地権者提供地―移転登記方法

地権者に不測の事態が発生する恐れがあることを念頭（前提）に,地権者所有地を不動産会社に所有権（全部）移転登記する方法をA案,地権者持分を残して不動産会社に所有権持分一部移転登記する方法をB案とし,等価交換契約者の中であらかじめいずれかを合意しておく。完成したマンションはA案・B案とも不動産会社名義で区分建物表題登記する。地権者は土地を提供するが,完成した等価マンションの所有者（原始取得者）は不動産会社であることによる。

A案概要

・地権者提供地を不動産会社に所有権（全部）移転登記をする。

・等価マンション完成後,不動産会社名義で区分建物表題登記（全戸敷地権付き）をする。

・地権者へは所有権保存登記することで等価マンションの一部の専有部分を引き渡す。

第3章　等価交換方式マンション―地権者所有地の登記方法

・地権者は，等価マンションの一部の専有部分を受け取るまでの間担保がない。

B案概要

・地権者持分を残して，不動産会社に所有権の持分の一部移転登記をする。

・等価マンション完成後，不動産会社名義で全戸につき区分建物表題登記（一部敷地権付き）する（不動産会社分は敷地権付きが可能であり敷地権付きとする。地権者は建物の所有者でないため地権者名義の土地持分は敷地権とはならない。）。

・地権者へは，所有権保存登記することで等価マンションの一部の専有部分を引き渡す。

・所有権保存登記に続けて敷地権付きとする登記をする（義務はないが，敷地権一体化は後々に対応した登記として，通常必ず行われている。）。

・地権者は等価マンションの一部の専有部分を受け取るまでの間，多少なり担保がある。

2　A案──地権者所有地─不動産会社に所有権全部移転登記

　地権者が自己所有地を不動産会社に所有権（全部）移転登記をする場合である。等価マンション完成後には，敷地権付き区分建物を所有権保存登記により地権者名義とする方法である。

　A案の最大のメリットは事業の安定性である。等価マンションが完成する前に，万一地権者に不測の事態が起きた場合でも事業遂行に影響が少ない。不動産会社にとって次のB案は手続が複雑となり事業自体が不効率となることから，B案より登記費用負担が増えるが事業の安定性を優先させるものである。地権者にとっても複雑な手続などの一切を委託できることがメリットである。

　等価マンション完成後，地権者に等価交換相当分を戻す持分移転登記を必要とするため，登記が2度必要となることから登録免許税等登記費用の無駄ともとれるが，事業の安定性を優先させる。

　等価マンション完成後は不動産会社名義で区分建物表題登記を行い，等価マンションの一部の専有部分を地権者に引き渡す。不測の事態が起きた場合でも地権者への引渡しを留保することで不動産会社のリスク回避ができる。

　一方，地権者にとってデメリットは等価マンションの一部の専有部分を受け取るまでの間，担保がないことである。地権者にとってリスク回避は信頼できる不動産会社の選定である。

3　B案——地権者持分を残して，不動産会社に所有権一部移転登記

　地権者持分を残して，不動産会社に等価交換相当の持分一部移転登記をする。この案のメリットは地権者持分が残ることで，A案に比較して地権者のリスクが低いことである。他には地権者所有地に抵当権設定登記がありその全部抹消登記ができない場合などに有効な方法である。

　不動産会社取得分の専有部分は敷地権付きとできるが，地権者が取得する予定の専有部分については，相当する土地持分が地権者名義であるため，区分建物表題登記時点では敷地権付きの登記はしない。

　この案の場合の地権者分の登記は，不動産会社名義で区分建物表題登記（敷地権なし）を行い，次に地権者が所有権保存登記を行う。後件で敷地権付きとする登記をすることで敷地権付きの区分建物となる。この敷地権を一体化する義務はないが，将来中古マンションとして売買などの流通性を考慮して，敷地権を一体化することが望ましい。A案・B案の対比は表の通りである。

〈図7　A案・B案　対比表〉

凡例　不動産会社あるいは地権者にとって，○よい　×よくない　△どちらでもよい

項　目（内　容）	費用負担者	不動産会社		地権者	
		A案	B案	A案	B案
(1) 事業安定性		○	×	△	△
(2) 建築に伴う諸手続		○	×	○	×
(3) A案：土地所有権全部移転登記費用（地→不）	不	×			
(4) B案：土地所有権一部移転登記費用（地→不）	不		○		
(5) 区分建物表題登記費用	地			○	×
(6) 所有権保存登記費用	地			△	△
(7) 土地持分一部移転登記費用（不→地）	地			×	○
(8) 敷地権付きとする登記費用	地			○	×

　不動産会社にとって，

(1) 事業の安定性——A案：○ 安定性はいい。B案：× 不安が残る。

(2) 建築に伴う手続——A案：○ 自社だけでできる。B案：× 当事者が増えて煩雑。

(3) A案——土地所有権全部移転登記費用　A案：× (4)より負担増。

(4) B案——土地所有権一部移転登記費用　B案：○ 必要な持分で済む。

(5) から (8) は対象外。

　地権者にとって，

(1) 事業の安定性——A案・B案：△ どちらでもよい。

(2) 建築に伴う諸手続——A案：○ 不動産会社に任せれば済む。B案：× 煩雑。

第 3 章　等価交換方式マンション—地権者所有地の登記方法

(3)，(4) は対象外。

(5) 区分建物表題登記費用——A 案：○ 敷地権付き。B 案：× 非敷地権（後から一体化）

(6) 所有権保存登記費用——A 案・B 案：△ どちらでもよい。

(7) 土地持分一部移転登記費用——A 案：× 費用発生する。B 案：○ 費用発生しない。

(8) 敷地権付きとする登記費用　A 案：○ 費用発生しない。B 案：× 費用発生する。

50

第4章 等価交換方式マンション表題登記事例（事例3）

　等価マンションにおいて地権者が引き取る専有部分（以下，「等価専有部分」という。）の表題登記は，将来を考慮した登記が求められる。第1章と一部重複する内容はあるが，関係者が適切にアドバイスすることで地権者の理解が得られれば，本事例の問題は起きないことから記述する。

1　等価交換方式マンションと地権者分の表題登記方法

　等価マンション（第3章参照）における地権者分の建物表題登記の方法は，地権者に引き渡す等価専有部分が複数ある場合に，これをまとめて1個で登記するか，戸数分に分けて登記するかのいずれかである（もちろん，複数の専有部分を一定の条件の範囲で任意にまとめて1個での登記は可能である。）。この判断は地権者に委ねられることが一般的であり，その登記費用は地権者負担であることが通例である。

　地権者は初期投資費用を抑えるため，区分表題登記費用の低減を図り，可能な範囲でまとめて登記されることが多いことは理解できる（まとめて1個で登記した場合，戸数分に分けて登記するより，ほぼ確実に登記費用は下がる）。だが，その代償は計り知れないほど高くつく可能性があることに留意が必要であろう。

2　まとめて登記されていたため，争いの原因となった

　相続発生時の登記状況を図で表した。

〈図8　事例3のイメージ〉

8階	a				b	
7階	c	c	c	c	c	c
6階	分	分	分	分	分	分
5階	分	分	分	分	分	分
4階	分	分	分	分	分	分
3階	分	分	分	分	分	分
2階	分	分	分	分	分	分
1階	法定・規約共用部分		d		d	d

（注）図の説明　　a・b・c・d：地権者が所有している専有部分。
　　　　　　　　　　　　　　　合計11戸
　　　　　　　　分：不動産会社が分譲マンションとして販売
　　　　　　　　　　した専有部分

第4章　等価交換方式マンション表題登記事例（事例3）

> **イメージ図の説明**
>
> 　1階・7階・8階は地権者分。地権者は一人。2階から6階は分譲マンション。
>
> 　以下，地権者分の説明。
>
> ・1階 d　3戸をまとめて1個で登記。
>
> ・7階・8階 a から c　8戸をまとめて1個として登記。
>
> ・a には地権者本人が居住していた。
>
> ・b には地権者の子供数人のうちの一人が居住している。
>
> ・c は，居宅として賃貸中。
>
> ・d は，店舗として賃貸中。

　この状況で地権者が死亡したことにより相続が発生した。11戸を数人の相続人で登記するには主に2通りの方法がある。

(1) 数人の共有名義で相続登記をする。

(2) 複数個（最大11戸）に区分登記した後，それぞれを数人が別々に相続登記する。

　(1) の方法は現実的ではない。何をするにも全員の合意を得ねばならない。現在，仲が良い場合でも不動産に関しては遠い将来を見据えた対応が必要であり，現実的ではない。

　(2) の方法は現実的であるが，問題は区分方法を巡って相続人の間で合意できない場合，最終的には裁判に頼る以外に道はないことである。

3　等価マンションの特徴

　等価マンションの地権者は区分建物となった時点から一区分所有者となるが，特に1階を所有している場合は「地主」の意識から「既得権がある」感覚から抜け出せない地権者がいることも事実である。地主の意識が抜けない相続人の間で，床面積・位置（方角，陽当たり等々）などをめぐり争いが起きたとき，不動産会社に「なぜ，11個で登記しなかったか」と責任を問うことも起こり得る。見当違いであるが不動産会社は無視することは難しいであろう。等価マンションと一般の分譲マンションとの違いを念頭に問題を未然に防ぐことが重要である。

第3編
特殊な事例

第1章 建物図面・各階平面図の作成について

　平成15年，弁護士・司法書士・税理士などの他の士業とともに土地家屋調査士の法人化が認められた。法人化により全国どこにでも支店を設けることができ広域での業務受託が可能となった。

　分譲マンションを手掛ける不動産会社は，全国各地で分譲事業を展開する事例が珍しくない。その結果，マンション等の区分建物に関して建物図面・各階平面図の作成は，地域の特性を把握して対応することが必要になってきた。

　特に各階平面図の作成に当たっては，表題登記申請後に床面積の補正（訂正）を余儀なくされた場合，登記完了前であっても委託者はもとより金融機関など関係方面に多大な影響を及ぼす可能性がある。

　不案内な地域に各階平面図の添付が必要な登記を申請する場合は，図面の作成方法を事前に十分把握しておく必要があろう。なお，図面という書類の性質上，同一管内であっても若干の違いがあろうことは想定内である。

1　建物図面の作成について

　一例として，札幌管内においては建物図面に「建物の名称」欄，「住戸番号」欄が設けられている。図面右上から「建物の名称」，「建物の所在」，「専有部分の家屋番号」，「住戸番号」欄とある。基本的には「家屋番号」，「建物の所在」があれば十分であろうが，特に「建物の名称」が設けられていることは，登記に「建物の名称」欄があることに対応しており望ましい姿ともいえる。

(1) 建物図面に「建物の名称」，「住戸番号　○○○1」が載ることの有益性

　建物図面の所在と家屋番号で不動産登記的に建物の特定はできる。各階の物理的形状及び床面積（1棟及び専有部分）は建物図面に表現されており，登記情報と併せることで登記内容は把握できる。

　しかし，建物図面を利用する際に，「建物の名称　○○マンション」，「住戸番号　○○○1」の記載がないときは，常に「どの区分建物（マンション）の，どの住戸のも

第1章　建物図面・各階平面図の作成について

のであるかを検証」しなければならない。

　その検証方法は，登記情報あるいは登記事項証明書を得て照合することになろうが，「建物の名称」，「住戸番号　○○○1」が載っていることで，不動産の表示を明確にすることの一助となり得る。

(2) 「建物の名称」の登記

　建物の名称を登記するか否かは，普通建物であっても分譲マンションのような区分建物であっても申請人の任意である。普通建物では建物の名称が登記されることはほとんどない。その理由は，登記する必然性が低いことであり，加えて売買の際に買主にとって好ましくない場合が想定されるためであろう。

　しかし，分譲マンションの場合は，分譲マンション名そのものが100パーセント登記されると推定できる。その理由は登記記録に表現されることで，分譲マンションの特定ができることであり，誰にでも容易に分かることである。

　建物図面に「建物の名称　○○マンション」，「住戸番号　○○○1」を載せることは先駆的であり，望ましい姿ともいえ，大きくいえば不動産登記法1条の目的にかなうものといえるであろう。

(3) 「建物の名称」の登記がない建物図面を利用して現地を探す場合

　建物の所在地と住所が一致しているときは問題ない。しかし，住居表示実施により一致していないときは，建物図面だけの情報で現地に到達することは困難であろう。

　その理由は，建物の所在地は登記上の地番であり，住居表示の地番と相違するためである。例えば，建物の所在地が「○町○丁目567番地89」とあるが，住居表示は「○町○丁目1番地1」のように登記地番と住居表示の番号が連動していないためである。

(4) 「建物の名称」の記載のない建物図面から現地に到達する方法

　住居表示が実施されている場合の一例を上げる。

①　市区町村役場に問い合わせる。住居表示地番と登記地番の対象表を基に回答が得られる可能性が高い。

②　ブルーマップ（登記地番に加え，住居表示が実施されている場合はその地番が，登記地番と対比する形で載っている地図図面。法務局に備え付けられている場合もある。）と，建物図面の地番を照合することで，正確に現地にたどり着ける。

　このように建物図面に1棟の建物の名称及び専有部分の建物の名称（住戸番号）が載っていることは，マンションの所有者はもとより，売買など流通に伴い建物図面・

各階平面図を利用する人々の利便性を考えた場合，図面本来の目的にも合致していると考えられることから，この方法は広く国民から理解を得られる先駆的な取組といえるだろう。

なお，建物図面の作成については『内野建物』第2編第1章「建物図面」に詳述されており参照されたい。

〈例7　建物図面1（建物の名称欄）〉

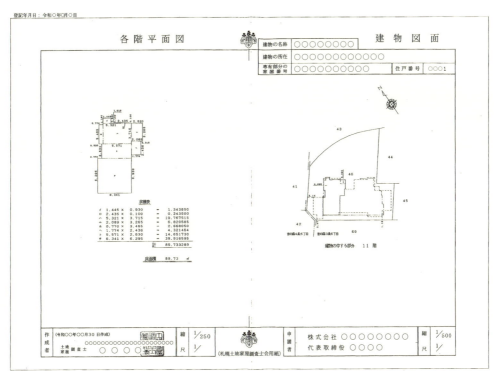

（注）　不登規別記第2号とは異なる様式。家屋番号は，法務局が不動産登記法によって各建物に付する番号である（不登45条）ところ，住戸番号は「住居表示に関する法律」3条2項の規定により，市町村が付する番号である。

第1章　建物図面・各階平面図の作成について

2　各階平面図の作成について

　各階平面図は専有部分1個ごとに作成するが，図面に載っている床面積は登記に反映されて登記専有床面積となる。登記上の床面積について，不動産会社がマンション購入者に説明する場合，「マンションの登記床面積（専有面積）は内法面積，つまり壁の内側を測った面積です。したがって壁芯面積で表示されている販売専有面積より少なく表示されます。部屋が狭くなった訳ではありません。」と，概ねこのように説明している。

　図面作成は，基本的には不動産登記規則115条の定めによるが，具体的には下記の依命通知に沿って作成する。なお，建物の構造は日々進歩しており前例がないこともあり得ることから，土地家屋調査士会と法務局又は地方法務局とで協議の上，運用されていることもある。

不動産登記規則

（建物の床面積）

第115条　建物の床面積は，各階ごとにその壁その他の区画の中心線（<u>区分建物にあっては，壁その他の区画の内側線</u>）で囲まれた部分の水平投影面積により，平方メートルを単位として定め，1平方メートルの100分の1未満の端数は，切り捨てるものとする。

（注：下線は筆者加筆）

加えて，次の照会に対する回答・依命通知をよりどころとしている。

　日調連照会に対する回答・依命通知
・昭和46年3月19日日調連総発第94号日本土地家屋調査士会連合会長照会
・昭和46年4月16日民事甲第1527号民事局長回答
・昭和46年4月16日民事三発第238号民事第三課長依命通知
　別紙甲号三　建物の床面積の定め方（抄）
　（七）区分建物の場合
　　1.（略）
　　2. 区分した建物の内壁に凹凸がある場合

　以上が，図面作成方法に該当する部分であり「区分した建物の内壁に凹凸がある場合」を添付した（**図9参照**）。

〈図9 区分した建物の内壁に凹凸がある場合〉

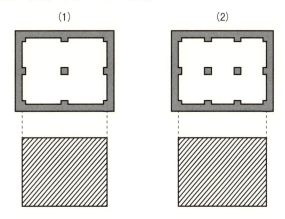

なお，詳細については，『後藤建物』210頁以降を参照されたい。

小さなパイプスペースの算入・除外

　床面積の算定において，室内にある小さなパイプスペースを専有面積に算入する地域（管轄）と除外する地域があり，分譲マンションを全国展開している不動産会社の場合，地域の取扱いを事前に把握することが望ましい。

　登記床面積50平方メートル以上が，現行法（租特41条）における優遇税制対象の基本的基準であることから影響が大きく，その対応策を「第4章　登記床面積50平方メートル確保」に詳述した。

3　建物図面・各階平面図の流れ

　建物図面・各階平面図が完成すると，他の書類（委任状・規約設定公正証書・区分建物登記内容一覧表等）と共に，建物図面・各階平面図（申請人の記名・押印は不要であり，要請がなければ必ずしも渡す必要はない。）をも委託者の要請により渡すことがある。

　委託者によっては自ら建物図面・各階平面図の内容を点検するために必要であるからである。

　その理由は，登記は完了していないが，表題登記申請内容は決定したものとして，権利担当の司法書士や住宅ローン融資の金融機関など関係者に渡すため，万一，間違いがあった場合，影響が及ぶことを防ぐためである。

　特に床面積に変更が生じると影響は全体に及ぶ。仮にある住戸1戸の専有面積の増減床面積が0.01平方メートルであっても，不動産の表示はいうに及ばず，分譲マン

第1章 建物図面・各階平面図の作成について

ション全戸の所有権保存登記登録免許税の計算式に影響が及び，ときには登録免許税額にも及ぶ可能性がある。

　このようなことを未然に防ぐためには，不案内な法務局管轄に表題登記申請する場合は，事前に地域の特性を把握するなど慎重に臨む必要がある。

4　専有部分の登記方法で隔壁の性質が変わる事例（事例4）

　専有部分の登記方法によって，隔壁の性質が法定共用部分にもなり専有部分にもなる事例をあげた。複数の区分建物が隣接していれば，所有者が同一の場合に限り二つの登記方法があり，そのどちらかを任意に選択できる。

　一つは各別に登記することであり，もう一つはまとめて1個の区分建物として登記することである。イメージ図により説明する。

〈図10　専有部分の範囲〉

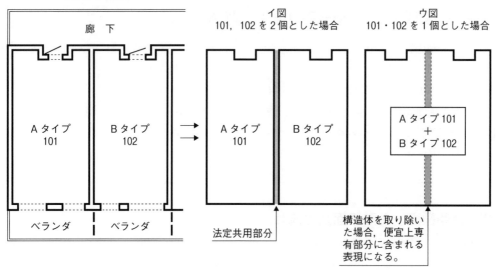

ア図　ア図は，販売用平面図の略図である。Aタイプ101とBタイプ102は接続（隣接）していることを意味する図である。

イ図　イ図は，101，102を別々の区分建物として登記した場合，隔壁は（各階平面図上では）専有部分に含まれないことが明らかとなっている。

ウ図　ウ図は，101，102を1個の区分建物として登記した場合，隔壁は（各階平面図上では）見た目上専有部分に含まれる表現になっている。

ウ図のように1個で登記される事例は日常的に行われており珍しくない。なお，後日，101と102に分ける区分登記をすると，イ図の各階平面図となり，間の隔壁は（各階平面図上では）法定共用部分となる。

玉虫色部分となる壁・隔壁

　このように登記の方法（各階平面図の表現）によって，専有部分とも法定共用部分ともなる部分（玉虫色部分）があることが分かる。ウ図の場合，各階平面図に隔壁は専有部分として表現されるが，区分所有者がこの隔壁を徹去した場合，マンション全体の存続に危険が及ぶ恐れがある（非耐力壁カーテンウオールの徹去は，耐力的・構造計算的には可能であろうが問題含みである。）。

　現実問題として，各階平面図上で表現されている範囲を自由に処分できる所有権の範囲（隔壁の徹去など）と結び付けることは適切ではない。

　専有部分の範囲についての理論的説明は，『五十嵐マンション』25頁「1:4:2:2 専有部分の範囲」として詳述されているが，その冒頭部分を引用すると「区隔部分（専有部分を他の専有部分又は共用部分から区隔する壁，柱，床，天井等で躯体部分に属さない部分）は専有部分に含まれるか。また，躯体部分（建物全体を維持するための建物の部分）のうち，支柱や耐力壁等が専有部分の内部にある場合，それらは専有部分に含まれるか。法はこれらの点について規定していないので，解釈に委ねられる。」とあり，続けて各論が詳述されている。

第2章　分譲マンションの表題登記に関する実務の流れ

第2章　分譲マンションの表題登記に関する実務の流れ

　不動産の表示に関する登記の受託及び登記の進め方は，基本的に各法務局の事務取扱規定及び調査・測量実施要領等による。分譲マンション（以下，「建物」という。）の表題登記は分譲であるが故に，建物の購入者への引渡開始日前に表題登記を完了させることが必須（ほぼ，絶対的）の条件となる。特に登記スケジュールに余裕がない場合は，登記申請の前後で特段の注意が必要である。受託から登記完了までの概要を以下にまとめた（なお，本章は一例概要でありその手順は委託者の意向・要請に合わせて進めることは当然である。）。

〈図11　区分建物表示登記の実務フロー〉

1　資料収集・資料調査・分析，委託内容の確認，登記スケジュールの決定

　(1) 資料収集・資料調査・分析

　(2) 委託内容の確認

　(3) 登記スケジュールの決定

2　建物の調査・測量の作業手順の確認，現地調査

　(1) 建物の調査・測量の作業手順の確認

　(2) 現地調査・測量

3　必要書類・報告書の作成，書類押印手配，必要書類の収集，規約設定公正証書作成

　(1) 必要書類・報告書の作成

　(2) 書類押印手配

　(3) 必要書類の収集

　(4) 規約設定公正証書作成

4　表題登記申請，登記完了後の点検・報告，登記完了書類の納品

　(1) 表題登記申請

　(2) 登記完了後の確認・報告

　(3) 登記完了書類の納品

1　資料収集・資料調査・分析，委託内容の確認，登記スケジュールの決定

(1) 資料収集・資料調査・分析

　資料は，確認済証・確認申請書・工事請負契約書・重要事項説明書類・敷地権割合表・販売用図面集・建築設計図書（敷地図・配置図・面積表・各階平面図・立面図・躯体図・平面詳細図・現場施工図等）等を収集する。検査済証は交付され次第収集する。必要

に応じて売買契約書も入手する。

資料は最新のものを収集する必要がある。誤って変更前の古い資料が提供されることもあり得るため，分析に際しては最新の情報であるかを確認する必要がある。なお，確認申請書・確認済証などの所有権証明書に相当する書類の原本は，登記申請時の借用することとしてこの時点では写しで足りる。

分析は，資料の内容を精査して齟齬がないかの確認をする。万一齟齬を発見した場合は速やかに委託者に報告することが肝要である。

(2) 委託内容の確認

建物と登記対象土地について正確に把握・確認する。

◦敷地利用権対象土地について

規約敷地の有無，合筆・分筆登記や地積更正登記が予定されている場合は，その内容と登記スケジュールの確認，抵当権等が設定されている場合はその対応の確認が必要である。表題登記申請時には登記対象土地が満足な状態でなければならない。道路後退部分の寄付が条件で建物が建築されている場合は特段の注意が必要である。

◦敷地権登記について

表題登記時に敷地権登記するものか，後から一体化するものかの確認が必要である。

建物の売主と売買対象土地の売主が相違する場合は，建物の表題登記完了後（ 所有権保存登記 → 土地持分一部移転登記 → 敷地権一体化の登記 → 抵当権設定登記 のように）一体化することが一般的である。

◦規約共用部分について

重要事項説明書と販売用図面集との整合性を確認しつつ，登記判断を優先する。

(3) 登記スケジュールの決定

建物完成後，購入者への引渡開始日までに余裕がある場合の登記申請は，不動産登記法 47 条（建物の完成後 1 か月以内に申請）と，委託者の意思に配慮すれば足りる。

土地の合筆・分筆登記，道路後退部分の寄付などの条件が整わない場合や，工事遅延などにより建物完成後直ぐに登記申請しても，建物の購入者への引渡開始日までに登記完了するかどうかの余裕がない場合の登記申請スケジュールは，購入者への引渡開始日までに完了することが最重要との観点から，登記申請日・登記完了予定日〔登記の日付〕とを総合的に考慮して登記申請日を決めることになる。通常委託者から要求される登記完了日〔登記の日付〕の期限は次のようになる。

◦引渡開始日の前日までに完了していることがほぼ絶対的委託事項である。

◦引渡開始日より何日か前までに完了することを求められる場合が多い（住宅ローンを融資する金融機関が，登記完了を確認した上で融資実行手続を進める場合など。）。

表題登記の完了が引渡開始日に間に合わない場合

　万一，表題登記の完了が引渡開始日に間に合わない場合，所有権保存登記・抵当権設定登記の申請ができないことによる不測の事態が生じる。

　つまり，売買契約上売買代金全額の受領と同時に建物を引き渡す同時履行の関係にあり，売主の責により住宅ローンが実行できず売買代金の受領ができない状況下では，売買代金の受領を待たず買主に建物を引き渡さざるを得ない事態（引越しも考慮）が生ずる可能性が高い。この結果，売主は無担保状態で建物を引き渡す高いリスクを負う事態となる。

2　建物の調査・測量の作業手順の確認

　建物の調査をするためには，資料を収集して分析した結果に基づき，現地調査・測量用の資料を作成しておく。その際，重要な項目を明確に把握しておく。そのタイミングはおよそ次のようになる

- ◦建物完成後，引渡開始日までの登記スケジュールに余裕のある場合は建物の完成後行う。
- ◦建物完成から引渡開始日までの登記スケジュールに余裕がない場合は，完成を待たず可能な範囲で先行して現地調査・測量を行い概要を把握する。足場撤去が工事進捗判断の一つの目安となる。後日，建物完成後に改めて現地調査・測量を行うことで登記スケジュールに余裕がない点を補う。

　なお，建物を工事発注者（委託者）が引き取るまでは，建物の所有者は施工業者であることが一般的であり，工事サイドの承諾を得ることが前提であることは言うまでもない。

3　現地調査用図面の作成・現地調査測量

　表題登記スケジュールの決定に伴い，現地調査測量を行いその結果をもって建物図面・各階平面図を作成することとなる。しかし，図面に反映させる部分の寸法を現地で実測することは物理的にできない部分が多い。そこで，実測に備えて，資料として収集した配置図，躯体図及び平面詳細図を分析し，「現地で実測できる寸法＝期待値」

3　現地調査用図面の作成・現地調査測量

を記録した「現地調査用図面」を作成する必要が生じる。

(1) 現地調査用図面の作成

　現地調査測量は，1棟に関する部分と専有部分に関する部分となる。その状況を現地調査測量するにあたり現地調査用図面を作成しておく。

　1棟については，その配置と位置関係を把握する目的で，隣地から実測できる期待値を記載するが，その期待値の算出は配置図と躯体図を分析することで把握できる。例えば，配置図に載っている隣地から1棟の壁芯までの寸法が2000ミリメートルであり，この部分の壁芯から仕上げ壁面までが130ミリメートルであれば，期待値は2000−130＝1870ミリメートルとなる。

　専有部分については，目視できる仕上げ壁面から仕上げ壁面までの実測はできるが，躯体壁芯から躯体壁芯までの寸法，及び躯体壁芯から仕上げ壁面までを実測することは物理的にできない（仮に他の方法・非破壊検査等であれば測定可能かも知れないが，表題登記の手段としてはそぐわないであろう。）。

　そこで1(1) で収集した躯体図及び平面詳細図を分析して，現地において実測可能な部分の期待値を現地調査用図面に記録する。

　この期待値を算出する方法の一例として，ある専有部分を次のように仮定して試算する。

- ・横幅は，躯体の壁芯から壁芯までを7000ミリメートルとする。
- ・縦幅は，躯体の壁芯から壁芯までを9000ミリメートルとする。
- ・躯体壁の厚さは全て200ミリメートルであり，壁芯までは100ミリメートルとする。
- ・躯体壁面から仕上げ壁面までは全て30ミリメートルとする。

　この場合，得られる横幅の期待値は7000−（100＋30＋100＋30）＝6740ミリメートルであり，縦幅の期待値は9000−（100＋30＋100＋30）＝8740ミリメートルとなる。

　このように躯体図及び平面詳細図から算出した期待値を記録することで，現地において実測を行い期待値と照合する。結果作成できるものが完成精度を確認することができる現地調査用図面である。

施工誤差

　一例として,施工誤差により冷蔵庫置場の幅が狭くなった場合,本来置けるはずの冷蔵庫を置くことができないことがあり得る。このように施工誤差が直接影響を及ぼす場所については,現地調査測量にあたり特段の注意を払って調査測量することが望ましい。

　現地調査測量は,このようなことが本来の目的ではないとしても,万一,期待値より狭い部分を発見した場合は,速やかに売主に報告することで,買主への引渡し前に事前に問題を解消できる可能性が高い。売主にとって不適切な部分の改善の機会が得られることは好都合であろう。このためにも現地調査用図面による設計(計画)と実際の状況の確認は必要である。

(2) 現地調査・測量

　建物が完成している場合の現地調査・測量は,建物を毀損しないよう十分注意する必要がある。特にクリーニングが完了している場合は,購入者への引渡し直前の状態であることから,スチールテープ・鞄・デジカメ・筆記具などで壁や床を傷つけないよう注意が必要である。廊下は廊下専用の内履きを準備し,室内は室内専用の靴下にするなど,施工業者や委託者に配慮を感じ取ってもらえるよう周到な対応が望まれる。

　現地調査・測量は概ね次の要領で行う。

☑建物敷地及び隣接地との位置関係を確認する。

☑事前に準備した,現地調査・測量用の資料に基づいて建物そのものを確認する。

☑現地調査・測量の結果,事前に分析した結果と現地の状況に違いがある場合は,可及的速やかに委託者へ報告する。

☑未完成部分がある場合は,再度現地調査をすることを前提に業務は進める。

　　その場合は,可能な範囲で行うこととなる。残った部分は完成後に再度現地調査を行って確認する必要がある。

4　必要書類・報告書の作成,書類押印手配,必要書類の収集,規約設定公正証書作成

　現地調査・測量を終えて必要書類の作成・書類押印手配に取りかかる。具体的には登記に必要な書類以外にも作成を求められる書類がある。

　前述したが,現地調査・測量の結果,事前に分析した結果と現地の状況に違いがある場合など,口頭ではなく書類での報告を求められることもある。

4　必要書類・報告書の作成，書類押印手配，必要書類の収集，規約設定公正証書作成

(1)　必要書類・報告書の作成

A　実務上作成する書類は次のようになる。

① 委任状（区分建物表題登記用）

② 委任状（規約設定公正証書用）

③ 建物図面・各階平面図

④ 規約設定公正証書（委託者の要請により「案」を作成する。）

⑤ 工事完了引渡証明書（委託者の要請により「文案」を作成する。）

⑥ 上申書（必要な場合「文案」を作成する。）

B　委託者から要請される書類として次の書類・一覧表がある。

⑦ 報告書（現地調査後の報告事項）

⑧ 表題登記内容を一覧表にまとめたもの（室番号・タイプ・種類・構造・登記専有面積・販売専有面積・敷地権割合等）。

⑨ 所有権保存登記登録免許税計算用一覧表

　　主な内容は，1棟の共用部分・専有部分・種類・構造・床面積などの内訳・合計面積。表題登記完了後に登記情報を分析して把握できるが，表題登記内容一覧表とともに作成を求められる。

(2)　書類押印手配

　必要書類には実印・印鑑証明書の添付が必要な書類もある。必要書類一覧表を作成して各書類について簡単な説明と，実印・認印の別，印鑑証明書の要否，有効期限を明確にすれば丁寧な仕事になる。

　次の書類のうち，実印・印鑑証明書が必要な書類は②③④である。

① 委任状（区分建物表題登記用）

② 委任状（規約設定公正証書用）

③ 工事完了引渡証明書（委託者の要請により作成する。）

④ 上申書（必要な場合）

(3)　必要書類の収集

　Aに記載の必要書類の他，次の書類の原本が必要となり収集する。

　いずれも所有権証明書として利用するものである。

- 確認済証
- 確認申請書
- 建築主変更届（建築主が変更されている場合）
- 工事施工者届（確認申請書に工事施工者が記載されていない場合）

第3編　特殊な事例

第 2 章　分譲マンションの表題登記に関する実務の流れ

◦検査済証（発行されている場合）

(4) 規約設定公正証書作成
◦規約設定公正証書案を基に最寄りの公証役場で規約設定公正証書を作成する。
◦公証役場の管轄はなく，どこの公証役場でも作成可能である。
◦作成に時間を要するときは，あらかじめ対応を考慮する。
◦正本は1通のみである。謄本の要否と通数は事前に委託者に確認する。

登記申請日・登記完了予定日・登記完了日〔登記の日付〕の相互関係

　表示に関する登記と権利に関する登記では，登記申請日と登記完了日〔登記の日付〕に次のような違いがある。
○ 表示に関する登記
　登記申請日に係わらず，実際の登記処分日が〔登記の日付〕となる。即日登記され結果的に申請日と登記の日付が同日になることはあり得るが，登記処分日（登記の日付）は管轄法務局に対する申請事件数（処理能力の問題）によって変わる。
　登記完了予定日は法務局の窓口及びホームページに明示されている。
　※例外として，表示に関する登記であっても，権利の登記に属する登記（所有権登記があることが前提であるが，建物の合併・合体，土地合筆登記）は権利に関する登記と同様に登記申請日が〔登記の日付〕となる。
○ 権利に関する登記
　実際の登記処分日に係わらず，登記申請日が〔登記の日付〕となる。

5　表題登記申請，登記完了後の確認・報告，登記完了書類の納品
　表題登記申請の準備が整った後，続いて登記スケジュールに沿って登記申請する。この際，管轄法務局に事前に報告することが望ましい。申請建物の所在地と専有部分の戸数及び共用部分の戸数が主な内容であり，法務局側の他の事件処理に少なからず影響が生ずるためである。

(1) 表題登記申請
　オンライン申請は申請情報と添付情報を併せて送信することが基本である。送信で

きない情報は書面を提出する。

申請後は，委託者に申請した旨の報告と登記完了予定日の報告をする。登記完了予定日は法務局のホームページに載っているが，申請件数が多い場合は念のため申請先法務局に確認することが望ましい。なお，登記完了の日に余裕がない場合は特段の注意を要する。

(2) 登記完了後の確認・報告

登記完了後は全ての専有部分と規約共用部分の登記事項証明書を取得して，登記内容を確認することが望ましい。万一，誤りがあった場合に速やかな訂正が可能となるためである。長時間経過後では遅きに失する。

インターネット（登記情報提供サービス）で登記情報を得て同様のことも可能であるが，登記事項証明書は住宅用家屋証明書を取得する際必要な書類であり有効に活用できる。

登記内容の確認後，登記完了書類を届けることができる日を委託者へ報告することは当然である。万一，誤りがあった場合は法務局の訂正処理に要する日数を確認して報告する。

(3) 登記完了書類の納品

登記完了後，委託者へ納品する書類の一般例は次のとおりである。
◦ 登記完了証
◦ 登記事項証明書
◦ 建物図面・各階平面図
◦ その他，委託者から預かった書類一切
◦ 登記費用請求書（費用の負担者が委託者か分譲購入者なのか，様々なケースがあり，また，後件の権利登記との兼ね合いにより時期は異なる。）

以上，分譲マンションの表題登記における実務の流れであるが，地域特性や委託者・受託者による違いは当然でありその数だけ流れはある。細部にわたる事柄は省き想定される大まかな一般例の概要として，参考にされたい。

第3章 登記面積と優遇税制

　マンションの登記床面積は，一定の条件のもと登記の際の登録免許税や固定資産税及び住宅ローンなど，様々な税金の軽減が受けられる優遇税制の対象となる極めて重要な面積であり，現行法等では登記床面積50平方メートル以上となっている。土地家屋調査士は税に関する業務を行うのではないが，実務では司法書士等から建物の所有権保存登記や抵当権設定登記等，権利に関する登記のために優遇税制に必要な証明書（住宅用家屋証明書）の取得に必要な書類や資料の提供依頼を受けることが日常的にある。

　その対応には登記面積50平方メートルに関して一定の知識が必要であり，業務関連知識の一助として記述した（第4章　床面積50平方メートル確保（72頁）と関連）。

1　優遇税制概要と登記に必要な証明書

　建物の権利に関する登記の際に優遇税制を受けるため，様々な条件のうち主なものを上げる。

・登記床面積が（現行法等では）50平方メートル以上であること。
・登記の種類が居宅であること。
・居住用であること。

　この内容を証明する書類が住宅用家屋証明書であり，申請情報と併せて添付情報とする。この証明書は市区町村・都の各税務課等で取得できる。

優遇面積の引下げ要望

　不動産業界団体では，時折この優遇面積を下げる見直しを政府に求めている。住宅価格の高騰に加え1世帯あたりの構成員減少の世相にあっては当然の主張と同感できる。45平方メートルあるいは40平方メートルが買主に望まれているようである。

2　住宅用家屋証明書の取得

　住宅用家屋証明書は，市区町村に申請することで取得できる。その際の必要書類の一例は主に次の書類である（詳細は各市区町村に確認が必要である。）。

① 住民票

② 確認申請書・検査済証
③ 登記事項証明書
④ 家屋未使用証明書

土地家屋調査士は表題登記の際に①住民票　②確認申請書・検査済証の原本を預かり，登記完了後③登記事項証明書を取得する。

この①②③の書類は，住宅用家屋証明書の取得手続のため，委託者や司法書士に引き渡す。

OLUMN

登記の種類—事務所と居宅

　登記の種類が事務所である場合，住宅へのリフォーム工事をして居宅へ種類変更登記後に売買されることは日常的にある。この目的の一つは，住宅ローン融資条件として購入対象物件を「居宅」にすることであるが，登記面積が50平方メートル以上であり，他の条件が満足していれば優遇税制の対象となる。

　しかし，登記・現況は事務所であるにもかかわらず優遇税制や住宅ローン融資条件を整える目的での居宅への種類変更登記が依頼されることもあるが，それは認められない。

3　登記床面積50平方メートル以上の根拠確認方法（国税庁ホームページ）

　登記床面積50平方メートル以上が優遇税制の対象居宅であることを記述してきたが，その根拠は国税庁ホームページに記載されており関係部分を転載した。

No.1213　住宅を新築又は新築住宅を取得した場合（住宅借入金等特別控除）

1　概要（略）

2　住宅借入金等特別控除の適用条件

　個人が住宅を新築又は建築後使用されたことがない住宅を取得した場合で，住宅借入金等特別控除の適用を受けることができるのは，次の全ての条件を満たすときです。

（注1）略

（注2）略

(1)　略

第3章　登記面積と優遇税制

　(2)　略
　(3)　新築又は取得した住宅の床面積が50平方メートル以上であり，床面積の2分の1以上の部分が専ら自己の居住の用に供するものであること。
(注)　この場合の床面積の判断基準は，次のとおりです。
　イ　床面積は，登記簿に表示されている床面積により判断します。
　ロ　マンションの場合は，階段や通路などの共同で使用している部分（共用部分）については，床面積に含めず，登記簿上の専有部分の床面積で判断します。
　ハ　店舗や事務所などと併用になっている住宅の場合は，店舗や事務所などの部分も含めた建物全体の床面積によって判断します。
　ニ　夫婦や親子などで共有する場合は，床面積に共有持分を乗じて判断するのではなく，ほかの人の共有持分を含めた建物全体の床面積によって判断します。
　　　ただし，マンションのように建物の一部を区分所有している建物の場合は，その区分所有する部分（専有部分）の床面積によって判断します。
　(4)　以下，全て略。

（出典：国税庁ホームページ）

(注)　国税庁のホームページ上，令和になっても「登記記録」とは記述されていない。

　以上が50平方メートル以上に関する項目であるが，床面積の算定（判定）方法については触れていない。住宅借入金等特別控除（優遇税制）の対象となる家屋の床面積の判定について，国税庁ホームページ・照会回答に詳述されており，次の4に掲載した。

住宅用家屋証明書─添付書類

　どの市区町村も住宅用家屋証明書の取得申請書に添付する書類に大きな違いはないが，その取扱いに多少の違いがあることがある。その内容は原本提出，原本明示，写し提出等々である。証明書取得の際は事前に確認することが無難である。

4　床面積の判定について（国税庁ホームページ・照会回答）

　住宅借入金等特別控除（優遇税制）の対象となる家屋の床面積の判定については，国税庁ホームページ・照会回答にある。検索方法の一例として「国税庁ホームページ」→「質疑応答事例」→「所得税」→「床面積の判定」に記載されている。関係する部分を掲載した。

7　床面積の判定

【照会要旨】

　住宅借入金等特別控除の対象となる家屋の床面積は，50平方メートル以上であることが必要ですが，どのように判定するのですか。

【回答要旨】

　住宅借入金等特別控除の対象となる家屋の床面積は，①1棟の家屋については，その家屋の床面積が，②1棟の家屋で，その構造上区分された数個の部分を独立して住居その他の用途に供することができるものにつき，その各部分を区分所有する場合は，その区分所有する部分の床面積が50平方メートル以上であることが必要とされています（租税特別措置法第41条第1項，租税特別措置法施行令第26条第1項）。

　床面積がこの要件に該当するかどうかは，上の①の家屋については，各階ごとに壁その他の区画の中心線で囲まれた部分の水平投影面積（登記簿上，表示される床面積。以下同じ。）によって判定することとされています（租税特別措置法関係通達41-10）。

　また，上の②の区分所有する部分の床面積については，階段や廊下などの共用部分を除いた専有部分について，壁その他区画の内側線で囲まれた部分の水平投影面積によって判定することとされています（租税特別措置法関係通達41-11）。

【関係法令通達】

　租税特別措置法第41条，租税特別措置法施行令第26条，租税特別措置法関係通達41-10，41-11

注記

　平成30年7月1日現在の法令・通達に基づいて作成しています。

　この質疑事例は，照会に係る事実関係を前提とした一般的な回答であり，必ずしも事案の内容の全部を表現したものではありませんから，納税者の方々が行う具体的な取引等に適用する場合においては，この回答内容と異なる課税関係が生ずることがあることにご注意ください。

第4章 床面積50平方メートル確保

　優遇税制が受けられる床面積は50平方メートル以上が絶対条件となっている（租特41条）。建物図面・各階平面図の作成及び登記面積と優遇税制について前3章に記述したが，章を変えて各階平面図の再検証事例を上げた。

　各階平面図の作成過程で50平方メートルにわずかに届かない場合，販売用図面・設計図面等の再検証を行い現地調査・測量の結果，専有面積が50平方メートル以上あると認定できた2事例を上げた。この事例以外にも細かく検証することで同様な部分がある可能性を見逃してはならない。

1　柱を専有面積に算入―50平方メートル確保（事例5）

　イメージ図は「あ」部分をA図のように床面積に算入することは当然に見えるが，a図の内側線とすることがあり得る例である。「あ」部分に隣接する専有部分がある場合は注意を要する。

〈図12　床面積算定イメージ（柱）〉

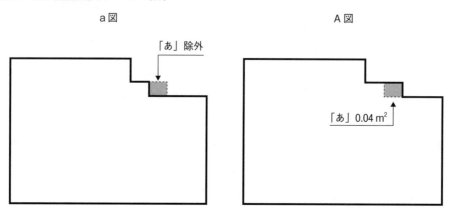

　a図・A図は同じ販売用図面を基にした内側線の形状を表した図である。相違点は次のとおりである。

■a図の説明

　柱「あ」部分を除外した内側線による床面積　⇒　49・96平方メートル

■A図の説明

　柱「あ」部分0.04平方メートルを算入した内側線による床面積　⇒　50.00平方メートル。「あ」部分を算入したことにより50平方メートル以上を確保できた。

2　柱を専有面積に算入—50平方メートル確保（事例6）

　各階平面図の作成（本編第1章2）について　依命通知を援用したものである。販売用図面・設計図を詳細に点検を行い，イメージ図「あ」，「い」部分に相当する部分があれば算入の是非を検討する価値がある。「あ」，「い」部分を床面積に算入することは解釈上可能と考えられ，b図のような内側線とすることがあり得る例である。

〈図13　床面積算定イメージ（柱）〉

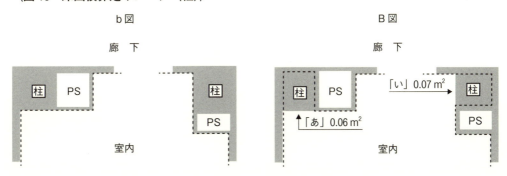

　b図・B図は内側線の形状を表した図である。相違点は次のとおりである。
■b図の説明
　柱部分を除外した内側線による床面積　⇒　49・87平方メートル
■B図の説明
　柱「あ」，「い」部分の合計0.13平方メートルを算入した内側線による床面積
⇒　50.00平方メートル
　「あ」，「い」部分を算入したことにより，50平方メートル確保。

3　算出方法再検証の必要性

　a図，b図とも50平方メートルに若干届かない登記面積である。登記面積に算入できる部分の有無を再検討した結果，A図「あ」，B図「あ」，「い」は算入できるものと認定して再計算した結果がA図，B図の登記面積である。

　本事例では柱の一部を算入したが，販売用図面・設計図書を丹念に点検することにより，他にも算入できる可能性がある。

　参照文献として，『後藤建物』221頁「第4　建物の床面積　2．区分した建物の内壁に凹凸がある場合」を参照されたい。

床面積 50 平方メートルの注意点

　床面積 50 平方メートル以上であれば（中古住宅もその他の要件を満たせば），マンションの購入者にとっては極めて有益なことであり，不動産会社にとっても販売上のセールスポイントである。買主が将来売却する場合，新たな買主にとっても同様のメリットが見込める。

　登記専有面積 49.99 平方メートルと，50.00 平方メートルでは税制上雲泥の違いがあることを念頭に，登記される床面積の算出事例を上げた。

　なお，パイプスペースの取扱いに関しては，第 3 編第 1 章 2「各階平面図の作成について」コラムのとおりであり，この取扱いによって，50 平方メートルの問題が左右される事態があり得ることに留意が必要である。

第5章 分譲マンションの新築日と固定資産税の関係

分譲マンションの表題登記における新築日が，年末から年始の時期にあたる場合は，固定資産税の課税上特段の注意を要する。

新築建物に対する固定資産税の賦課期日（1月1日。地税359条）は，建物が登記されている場合，（法令・規則ではないが）実体として登記記録の新築日が援用されるため，表題登記の登記原因である新築日と固定資産税の賦課期日の関係は深い関係にある。

分譲マンションにおいて，当年度から課税されるか，翌年度からの課税になるかの違いは大きく，買主に直接影響することから極めて重要である。

分譲マンションでは売買契約締結時に，買主に対して重要事項を説明する義務があるが，固定資産税の負担についてはその項目の一つである。

説明した内容と相違することが生じて，買主に不利な状況が起きた場合，損害賠償や売買契約解除などの重大な問題に発展する恐れがある。

1　建物の新築日

建物の表題登記申請に新築日は登記事項として必須である。「一連の新築工事が完了した時」（最二小判昭59・12・7民集38巻12号1287頁）が新築日であるが，実務では概ね次のように取り扱われている。

- ・所有者の認識・申述（他の証拠により裏付け（確認）が必要）
- ・施工業者の認識・施工業者発行の証明書（証明書記載の工事完了年月日・新築日）
- ・確認申請書の工事完了予定年月日
- ・検査済証の検査日（又は発行日）

書類は重要であるが，土地家屋調査士が登記申請代理人の場合は，現地調査を行い登記上完成しているかを総合的に判断することになる。

なお，建物全般（表題・合体・種類変更・滅失等々）の登記原因及びその日付については，『内野建物』第1編第3章第6「登記原因及びその日付の認定」に詳述されており参照されたい。

2　新築建物の固定資産税の賦課期日と納税義務者

新築建物の固定資産税の賦課期日は毎年1月1日である。新築建物が1月1日に完成していれば，表題登記の有無に係わらず当年度4月以降の課税となる（建物を1月2日に取壊した場合，1月1日時点では建物が存在しており，滅失登記の有無に係わらず，当年度4月以降の課税となる。）。1月1日時点で建物が登記されている場合，その建物は実体的に当年度課税対象となる(注)。

第5章　分譲マンションの新築日と固定資産税の関係

具体的に年月日で表現すると，

・登記原因が「令和2年1月1日新築」の場合，令和2年4月以降の課税となる。

・登記原因が「令和2年1月2日新築」の場合，令和3年4月以降の課税となる。

なお，納税義務者は固定資産の所有者であり，登記簿又は家屋補充課税台帳に所有者として登記又は登録されている者をいう（地税343条）。

(注) 4月以降課税のほか，例外的に5月・6月課税の自治体もある。

3　分譲マンションでの問題点

登記原因日である新築日が1月1日以前である場合は，当年1月2日以降に登記申請した場合でも当年度の課税対象となることに十分注意が必要である。

1月1日現在の登記上の所有者は納税義務者となり課税されるが，課税主体（市区町村等）が未登記建物を把握できていない場合など例外的に課税漏れとなっている場合も稀にある。

分譲マンションの場合，買主に固定資産税等の各種税金の負担について重要な事柄として書面を交付する義務があるが（宅地建物取引業法37条1項6号），1月1日までに完成を迎える場合，委託者の認識・意思を十分に確認することが実務上重要である。

例えば確認申請書の工事完了予定年月日が12月28日とあったとき，翌年1月にその日付を登記原因日として登記した場合，4月以降課税されるため，マンションの規模により税額が高額（数百万円から数千万円）となることもあり得る。実際には12月末に工事を施工することも，引渡検査もありえない。1月4日以降なのか，12月28日の仕事納めの日か，土地家屋調査士は原因日付の認定を正確に行う必要がある。

4　分譲マンションの納税義務者

分譲マンションでは，固定資産税の賦課決定処分によって，課税対象者（納税義務者）が分譲不動産会社となるか，マンションの買主となるかの違いは大きな影響を及ぼす。

分譲マンションは完成前に売買契約が結ばれることが一般的である。売買契約では買主に書面を交付して，様々な重要事項が説明されるが，その重用な項目の一つが各種税金についての説明である。課税時期により納税義務者が分譲会社かマンションの買主となるかにより，分譲事業計画に影響が及ぶ。

> 建物の新築日について最高裁の判決は「一連の新築工事が完了した時」とされている（最二小判昭59・12・7民集38巻12号1287頁，判タ548号130頁）。

5　最高裁判例―新築日と登記日及び固定資産税賦課の関係

新築日と固定資産税賦課の関係については，次の最高裁判例も上記裁判例とともに参考になる。

「土地又は家屋につき，賦課期日の時点において登記簿又は補充課税台帳に登記又は登録がされていない場合において，賦課決定処分時までに賦課期日現在の所有者として登記又は登録されている者は，当該賦課期日に係る年度における固定資産税の納付義務を負う」（最一小判平26・9・25民集68巻7号722頁，判タ1409号110頁，裁判所ウェブサイト）

概要

- 平成21年12月7日に，AはS市に家屋を新築した。
- 平成22年1月1日時点では，未登記であり，家屋補充台帳も未登録であった。
- Aは，平成21年12月7日新築を登記原因として，平成22年10月8日建物表題登記をした。

これに対して，

- S市は，平成22年度の家屋補充台帳に登録。Aに対して同年賦課決定処分を行った。
- Aは，平成22年10月8日登記を根拠として，平成23年度からの課税が相当であると処分取消しの訴訟を提起した。
- 裁判判決の経緯・結果は，次のようにある。

　　第一審さいたま地裁　　S市勝訴
　　東京高裁　　　　　　　A氏勝訴
　　最高裁　　　　　　　　S市勝訴

詳細は判例を参照されたい。

第 5 章 分譲マンションの新築日と固定資産税の関係

建物の新築日と取壊し日

　建物の新築日は登記と固定資産税の台帳上で大きな違いはないものと推定できる。
　しかし，取壊し日は一定ではないようである。登記における取壊し日は「滅失した日」であり，具体的には「概ね，建物の原形を留めない状態に達した日」であろうが，課税では固定資産税課税台帳にその旨の処理がなされる日は自治体により幅があるようだ。
　一例として，建物滅失登記の情報が課税庁で把握される前の場合，課税庁の調査により建物の解体工事がある程度進んでいれば（原形を留めていても，使用不能と判断して），所有者に解体の意思を確認した上で課税対象から除外する課税庁もあるようである。

年末・年始の取壊し日について

　固定資産税の賦課期日は 1 月 1 日である観点から，1 月 2 日以降に建物滅失登記申請の代理を受託する場合は特段の注意を要する。
　多くの場合，建物の解体工事完了後に登記委託される関係で，委託者の認識である「取り壊した日」と「登記の取壊し日」の整合性を現地調査で確認することは難しい。
　課税庁が 1 月 1 日には建物が存在していた認識であることに対して，1 月 1 日以前の取壊し日を登記原因として建物滅失登記を申請した場合，その登記完了後に「取壊し日」の齟齬が問題となる可能性が高い。
　このような場合，整合性を把握するためには，事前に課税庁に確認するとともに，現地調査時にいつまで建物が存在していたかを近隣から聴取するなど，慎重な調査が必要であり特段の注意を要する。

第6章　上申書──原始取得者関係ほか

　登記申請には申請内容に沿った添付情報が必要であるが，その情報がない場合や情報の内容に齟齬がある場合などに，実務上の取扱いとして上申書を添付することがある。具体例として，区分建物表題登記の申請人となる原始取得者に関する2事例と，権利・表示に関する登記とも必要となることがある住所に関する1事例をあげた。

　法定外添付情報である上申書は申請人等が作成する自己証明である。上申書の必要性・内容は管轄法務局に事前確認することが望ましい。

　なお，登記に関する原始取得者たる用語は通達（昭58・11・10民三第6400号民事局長通達）にあり，当該部分の全文を後段に載せた。

法定添付情報と法定外添付情報

　法定添付情報が添付されていない場合，登記官は直ちに却下することはなく，申請人に対して添付情報を提供することを求める。申請人は添付情報を提供するか又は申請を取り下げるかの対応をすることとなるが，添付情報の提供をしないで申請を取り下げない場合，却下される。しかし，上申書など法定外添付情報については，その提供がなくても，直ちに却下とはならない。

1　登記における上申書

　上申書は法令や規則に基づく書類ではなく，実務上必要に応じて作成・添付する書類である。したがって一定の様式はなく任意の方法で作成することとなる。

　実務では，法定添付情報（所有権証明書の内容齟齬を証明する証明書等）が添付できない場合（例：証明書の不存在，書類の紛失・盗難・焼失など）や，添付書類の整合性に不一致があり，他の書類・証明書でその不一致の事由を証明することができない場合，上申書を添付して対応することがある。

　上申書は申請人（又は，利害関係人など）が一方的に作成して添付する書類であり，その内容に関する判断は登記官に委ねられる。したがって上申書が必要であるかどうかも含め，内容等について管轄登記所に事前に確認することが望ましい。

　表示及び権利に関する登記において共通する一例として，住所の移動の過程が住民票や戸籍（除）附票で証明できない場合，不在籍証明書・不在住証明書に加え，上申書を添付して対応することもある。権利証がある場合はその写しを添付して対応することもある。その事例を挙げた（**例10参照**）。

原始取得者と建物表題登記・区分建物表題登記

　原始取得者について上申書の添付をもってしても，申請人たる地位が認められない場合は，まず建物表題登記を申請し，続けて後件により建物区分登記を申請すれば，結果として目的はかなうことになる。

　しかしこの方法は建物表題登記の必然性に疑義が生じることに加え，申請人に登記費用など過分の負担を強いることとなり，分譲マンションにおいては，結果的に購入者（国民）の負担にもつながる観点から課題が多いといえよう。

　なお，区分建物表題登記の一括申請及び原始取得者関連については『五十嵐マンション』2：2に詳述されている。

2　上申書の作成者・様式等

(1) 上申書作成者

　上申書を作成する者は通常は申請人である。内容によっては利害関係人に協力を要請する場合もある。

(2) 上申書の様式等

・書式に様式はなく，内容が満たされていればどのような様式でも構わない。
・宛先は登記申請する管轄法務局宛となる。
・上申者が実印を押印する。捨印は不要である。あっても無効ではないが書類の性質上捨印は相応しくない。

(3) 印鑑証明書の日付

　印鑑証明書を1通添付する。上申書に添付する印鑑証明書に有効期限はない。

　何年前の日付であっても法的には有効と思われるが，「上申致します。」といった立場でもあり，できるかぎり直近のものが望ましい。

(4) 原本還付の可否

　上申先が法務局宛であり原則還付はできないと考える。しかし印鑑証明書については原本還付は認められる。

3　事例の概要

　事例7，事例8では，表題登記における原始取得者に関する上申書を挙げた。

　事例9では，住所の移動に関する事例を挙げた。

　非区分建物の表題登記の申請は転売等により幾度所有者が変わったとしても，最終

的に所有者となった者が，所有権証明書を添付して申請することができる。

　しかし，区分建物の表題登記の申請人は不動産登記法47条により原始取得者に限定されている。

　原始取得者に関して上申書が必要となるのは，事例7，事例8で挙げるように確認済証・検査済等に記載されている建築主と申請人が一致していない場合に多い。

4　確認済証等の建築主は2社であるが申請人は1社である場合（事例7）

　確認済証・検査済証の建築主欄は2社連名で載っているが，これは2社の社内事情や行政に関する手続上の事情であり，いわゆる原始取得者たる申請人が1社である事例である。

5　確認済証等の建築主は1社であるが申請人は2社である事例（事例8）

　事例7とは逆に，確認済証等の建築主は1社であるが，申請人は2社であるとした事例である。この場合，後からこの事業に参加した不動産会社は，事業契約で事実上建築主の地位を得たものの，建築に関する複雑な手続を当初からの建築主に委託したことによって齟齬が生じたものである。

　持分割合を証明する書類については，別途工事資金の出資に係る「持分協議書」を作成する方法があるが，書類作成者が同一であることから一書面にまとめている。

　なお，原始取得者については『五十嵐マンション』2：2に詳述されている。

6　住所・氏名の齟齬を証明できない場合の上申書（事例9）

　住所の変更を証明する書類は，前住所が記載されている住民票が一般的である。建築関係の書類をはじめとして様々な書類で誤った住所が記載されている場合がある。戸籍の附票又は除票（戸籍(除)附票）で不十分の場合は不在籍証明書・不在住証明書の添付が一般的な証明書となろう。

　しかし，戸籍(除)附票の保存期間はかつては5年間（令和元年5月31日公布「デジタル手続法（情報通信技術の活用による行政手続等に係る関係者の利便性の向上並びに行政運営の簡素化及び効率化を図るための行政手続等における情報通信の技術の利用に関する法律等の一部を改正する法律）の一部改正に伴う住民基本台帳法の一部改正により，150年に変更（令和元年6月20日施行））されてはいるが，それ以前の公的書類では変更過程を満足に捉えることができないことがある。このような場合に上申書に代えることとなる。住所の不一致事例は数多くあると思われるが，例を上げると以下となる。

・確認申請書記載の建築主（登記申請人）の住所が誤って記載されている。

・登記された住所が誤っている。

・その他，必要書類の内容に齟齬がある。

変更証明書が取得できない例としては，以下となる。
・証明書の不存在，書類の紛失・盗難・焼失など。
・戸籍（除）附票等保存期間がかつては5年であり（除）附票そのものがない（現在は150年）。

保存期間150年改正案

「住民生活のグローバル化や家族形態の変化に対応する住民基本台帳制度等のあり方に関する研究会　平成30年8月最終報告」によれば，所有者不明土地問題等に対応するために，「除票の保存期間5年を延長すべき」，つまり住民票等の除票の保存期間を150年に延長すべきとの改正案があり，総務省から住民基本台帳制度改正案は令和元年通常国会に提出され，5月に成立した（令和元年6月20日施行）。

〈例8 上申書（事例7）〉

上　申　書

　本，ABC123マンション壱番館の新築工事に係る，検査済証（平成31年4月30日第1210号）等における建築主は，A不動産株式会社とB建設株式会社の2社となっております。しかし実際の建築主はB建設株式会社1社であります。

　この違いについては，次のとおりB建設株式会社が申請人であることに相違ありませんので，本件申請を受理されるよう両社から上申致します。

　A不動産株式会社とB建設株式会社は様々な事業で協力関係にあります。本事業はA不動産株式会社の知名度を活用するため，便宜的に2社にしているものであり，実際の建築主はB建設株式会社単独であります。

　なお，B建設株式会社は本件申請建物の工事施工者でもあり，建築主が自ら工事施工する，いわゆる自主施工者であります。

　したがって，B建設株式会社が申請人として，本件区分建物表題登記を申請いたします。

　上記事実に相違ありませんので，本件申請を受理されるよう，重ねて両社から上申致します。

```
        所　　　在　　　A市B町一丁目2番地14
        建物の名称　　　ABC123マンション壱番館
```

以上

○○法務局○○出張所御中

令和元年5月1日


```
        本店　　A市○○町○丁目○番○号
        商号　　A不動産株式会社                〈実印〉
               代表取締役　○　○　○　○


        本店　　B市○○町○丁目○番○号
        商号　　B建設株式会社                 〈実印〉
               代表取締役　○　○　○　○
```

第6章　上申書─原始取得者関係ほか

〈例9　上申書（事例8）〉

上申書兼持分割合協議書

　下記建物に関する，確認済証・検査済証等の建築主欄は，A不動産株式会社となっていますが，本件申請人はA不動産株式会社とB不動産株式会社の2社であります。

　以下にその経緯をご説明し，その内容に相違ありませんので本件申請を受理されるよう，両社から上申致します。

　下記建物に関する確認申請書，確認済証，検査済証等の建築主欄はA不動産株式会社となっていますが，これはA不動産株式会社が建築に関する手続に関して両社を代表するためのものであり，実際はA不動産株式会社とB不動産株式会社の共同事業であることに相違ありません。

　したがって，建築工事請負人から発行された工事完了引渡書の宛先は，A不動産株式会社とB不動産株式会社となっております。

　なお，共同事業の割合は，共同事業契約書によるものでありますが，改めて協議・確認した結果，100分の55がA不動産株式会社，100分の45がB不動産株式会社であります。

　上記のとおり相違ありませんので，両社からの本件申請を受理されるよう，重ねて上申致します。

　　　　所　　　在　　　A市B町一丁目2番地14
　　　　建物の名称　　　ABC123マンション壱番館

○○法務局○○出張所御中

令和元年5月10日

　　　　　本店　　　A市○○町○丁目○番○号
　　　　　商号　　　A不動産株式会社　　　　　　　　　　　　　　〈実印〉
　　　　　　　　　　代表取締役　○　○　○　○

　　　　　本店　　　B市○○町○丁目○番○号
　　　　　商号　　　B不動産株式会社　　　　　　　　　　　　　　〈実印〉
　　　　　　　　　　代表取締役　○　○　○　○

84

6　住所・氏名の齟齬を証明できない場合の上申書（事例9）

〈例10　上申書（事例9）〉

上　申　書

　私，区分太郎は下記区分建物の所有者でありますが，住所の一部「一丁目」が「二丁目」と，誤って登記されていることが判明しました。

　この誤りを証明する証明書を添付することはできませんが，私が所有者であることに相違ありませんので，本件区分建物区分登記の申請を受理されるよう上申致します。

　添付書類として，戸籍附票，住民票，不在籍証明書及び不在住証明書を添付致しますが，登記済証（登記識別情報）を紛失しているため，その写し（情報）を添付することができないことを申し添えます。

記

　区分建物の表示
　　所　　　　在　東京都○○○区○○町○丁目○番地○
　　建物の名称　マンション○○○○○
　　家　屋　番　号　○○町○丁目○番○の101
　甲区欄所有者
　　住　　　　所　東京都○○○区○○町○丁目○番○号
　　氏　　　　名　区分太郎

　　正しい住所　東京都○○○区○○町○丁目○番○号
　　原　　　　因　錯誤

以上

○○法務局御中

　　令和元年7月1日　　　　　　　　　　　　　　（実印）

（住　所）　東京都○○○区○○町○丁目○番○号

（氏　名）　区　分　太　郎

7 「原始取得者」

「原始取得者」なる用語は不動産登記法，不動産登記令，不動産登記規則等のどこにもない。この用語が登場するのは「建物の区分所有等に関する法律及び不動産登記法の一部改正に伴う登記事務の取扱いについて」（昭58・11・10民三6400号民事局長通達）である。原始取得者一括申請該当部分をあげた。

なお，原始取得者については，『五十嵐マンション』2：2に詳述されており参照されたい。

建物の区分所有等に関する法律及び不動産登記法の一部改正に伴う登記事務の取扱いについて（抄）

$$\left(\begin{array}{l}昭和58年11月10日民三 \\ 第6400号民事局長通達\end{array}\right)$$

（通達）

建物の区分所有等に関する法律及び不動産登記法の一部を改正する法律（昭和58年法律第51号），不動産登記法施行規則の一部を改正する省令（昭和58年法務省令第34号）等が公布され，昭和59年1月1日から施行されるので，これに伴う不動産登記事務の取扱いについては，左記の諸点に留意されたく，この旨貴管下登記官に周知させ，その事務の処理に遺憾のないよう取り計らわれたい。

記

目次（略）

第一 敷地権（略）

第二 建物の表示の登記

一 一括申請

1 区分建物の表示の登記の申請は，敷地権の有無にかかわらず，その所有権を原始的に取得した者（以下「原始取得者」という。）から，新築後1か月内に，その1棟の建物に属する他の区分建物の全部の表示の登記の申請と共にすることを要する（法第93条第1項，第93条ノ2第1項）。

2 1の申請は，1棟の建物に属する区分建物の全部につき同一の申請書で申請することを要する。ただし，1棟の建物に属する区分建物の全部についてその申請がされれば，各別の申請書によつても差し支えない。

3 1棟の建物に属する区分建物の一部について表示の登記の申請があつたときは，その申請を法第49条第4号により却下するものとする。ただし，この場合においても，直ちにその申請を却下することなく，当該申請人又はその1棟の建物に属する他の区分建物の所有者に，表示の登記又は代位による表示の登記（二参

7 「原始取得者」

照）の申請を催促するものとする。

4 （以降，略）

（注）　本通達内の条文は旧法による。
（注）　なお，下線は著者加筆。

第 7 章 分有方式の区分建物

　分有方式の区分建物事例としてタウンハウスと事業用区分建物の 2 事例を挙げる。2 事例とも分譲マンションと内容が違うのは，土地の共有（準共有）を目的としないことであるが，その内容は大きく異なる。

　タウンハウスは縦割り区分された専有部分とその底地が特定されていることが特徴である。

　事業用区分建物は，隣接する複数の土地の所有者が共同事業として建物を区分所有するものであるが，複数の土地の権利内容は事業前の現状を維持することが特徴であり特殊な事例である。その目的は単独では土地の利用価値が低いため，共同事業開発することで土地の有効活用を図ることである。

　2 事例とも土地の有効活用の目的では一致しており，土地家屋調査士として不動産会社や個人の土地所有者へ提案事例の一助となることを期待する。なお，いずれも一事例であり他の事例があることは推定できる。

3 通りの区分登記方法　縦割り区分・横割り区分・縦横割り区分

　建物の区分登記方法は基本的に縦割り区分・横割り区分・縦横割り区分がある。縦割り区分はタウンハウスのように地下階を含む最下階から最上階までを縦割りに区分する。横割り区分は各階毎又は接続した複数階を一つにして横割りに区分する。縦横割り区分は縦割り横割りに区分するものであり分譲マンションが典型例である。物理的接続を条件にこの 3 通りを混合させた縦横割り区分もある。これについては第 1 編でも解説を行った。

1　分有方式の基本的概要—タウンハウス（事例 10）

　分有方式のタウンハウスは，各住戸に道路（公道・私道・位置指定道路）から直接出入りできることが基本であり，土地（敷地利用権対象地）は縦割り区分後の専有部分の直下 1 筆が売買対象地であることに特徴がある。建物の区分方法は地階も含めて最下階から最上階まで縦割りに縦割り区分する。私道（位置指定道路等）やゴミ置場が売買対象地である場合は，持分の一部移転登記が必要となることは一戸建分譲住宅と同様である。

　敷地利用権は区分所有法 22 条の規定が適用されないと解釈できる。一般的には分離処分可能規約（規約設定公正証書）を作成することは可能であろう。

1 分有方式の基本的概要—タウンハウス（事例10）

購入者の認識・感覚を推測すれば次のようになる。
・区分建物の認識はあるが底地は自分の土地であり一戸建の感覚に近い。
・専有部分以外は法定共用部分の認識はある。
・建物の保守修繕等については管理規約に沿う必要がある認識はある。
・一戸建分譲住宅よりは住人同士のコミュニケーションが取り易い感覚がある。

〈図14　タウンハウス方式のイメージ〉

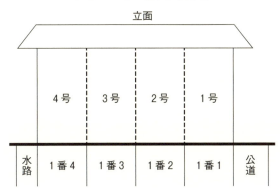

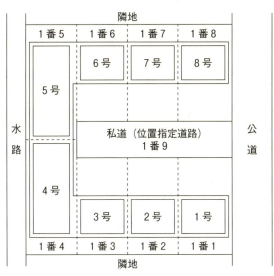

・木造2階建・総戸数8戸のタウンハウス（長屋）である。
・逆コの字形に8戸の住戸（専有部分・地下1階付2階建）が配置されている。
・各住戸は柱壁で区画されており縦割り区分登記ができる条件を備えている。
・各住戸へは私道（位置指定道路）から直接出入りができる配置・構造である。
・底地は各住戸（専有部分）の間で分筆されており，各住戸に特定されている。

第7章 分有方式の区分建物

分譲タウンハウスの一戸建登記

　分有方式のタウンハウスとしては前述の他，普通建物（一戸建）として登記されている事例もある。建物の構造材である柱壁が各住戸専用に設けられていることが特徴である。
　各住戸の柱と柱の間は数センチ程度空けてあるが外壁は一体の構造である。仮に中間にある住戸を取り壊しても，隣接する住戸は構造的な影響を受けないで存続することができるが，建築基準法上は「長屋」であることから普通建物として登記されていることによって将来種々の問題が起きるのではないだろうか。

2　事業用区分建物，密集地における分有方式（事例11）

　前記1（分有方式タウンハウス事例）とは土地に対する考え方が大きく異なる分有方式事業事例をあげた。概要は後述するが，重要なことは敷地利用権を土地に登記することが当然である考え方から脱却したことで成立する事例である。

　単独では利用価値が低い土地の所有者同士が，隣接する土地を共同事業開発することで，土地の有効活用を図ることが目的であるが，建築した区分建物の敷地利用権は土地の登記に反映させない考え方である。したがって共同事業としては成立するが分譲目的には適さない（登記しない借地権と似ているがイメージ図（図15，16）を参照されたい。）。

　全国どこにでも「立地条件のいい場所になのに，なぜ古い建物が密集して残っているのか。」と思われる場所は少なくない。このような場所に本事例は適する可能性がある。

　概要は次のとおりである。
・単独では有効活用できない土地の所有者同士が，互いに土地を提供して区分建物を建築することで土地の有効活用を図る。
・建築した建物は提供した土地に対応した専有部分を取得し，それぞれの登記名義とする。
・敷地利用権を土地の登記に反映させることを主眼としない。提供する土地の登記は現況の状態を維持する。
・建築した区分建物の敷地利用権は個別契約によって対応する。

　この方式による主な利点（欠点ともなり得る。）は次のとおりである。

・土地の所有権を手放すことに抵抗がある場合には事業に参画しやすい。
・各所有者は，自己が所有する土地に対しては任意に登記することを可能とする。一方，他者が所有する土地に対しては担保提供などの登記を求めない。

本事例は特殊であり一般的でないため高度なノウハウを必要とし，様々な課題があり，次の「3　山積する課題の克服」に記述した。

〈図15　密集地における分有（立面）〉　　〈図16　密集地における分有（配置）〉

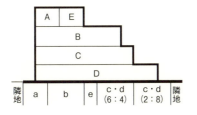
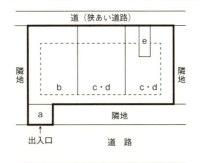

・a，b，c，d，eは，それぞれA，B，C，D，Eが所有する土地である。
・aの土地は，一団の土地（b，c，d，e）への出入口であるが建物の底地ではない。
・b，c，d，eの土地は，建築条件が悪い接道であり，それぞれ単独では有効活用できない。
・A，B，C，D，Eは，新築した区分建物の所有者であり，a，b，c，d，eの土地に対応した専有部分を取得する。

3　山積する課題の克服

　本事例には山積する課題がある。第一に金融機関から協力が得られるかである。次に後日の流通性の課題である。その原因は土地及び建物について登記では敷地利用権が不明確なためである。

　極めて稀な事例であり事業形態の存在が広く知られることがないため，金融機関にしても不動産売買などの流通に携わる方々にしても不案内なことによる。この課題を克服することができれば土地の高い利用効率が得られる可能性が高い。

　建物が存在するには敷地利用権原が明確であることが一般的に求められる。事業規模が大きければなおのことである。本事例は一般的ではないものであり，敷地権登記を行わない事例である。

　分譲マンションでは，共用部分の固定資産税や積立金などの負担割合を販売専有面

積割合によって定められていることが多い。一般的にエレベーターのように最上階の住戸とエントランス階の住戸では使用率が大きく異なるが斟酌されてはいない。

本事例の一例を挙げれば，電気室であれば電力の使用量，水道タンク室であれば水道水の使用量を基準とした固定資産税や積立金が算出されている。事業区分建物であるが故に受益と負担割合を，全ての共用部分について細部にわたり合理的に算出する必要があるためである。このような事業を成立させるには，これらの課題を克服することと極めて高い専門的ノウハウを必要とする。

分有方式は密集地に適している

　本事例は，狭い土地が密集している狭小地や，接道問題が解決されないため再建築が難しい場所に適している。周囲の環境を損ねているような密集地では可能な限り積極的に運用することで，高い利用効率と良好な環境が期待できる事業事例である。

　特に，土地を売却することなく事業化できることが特徴であり，土地を手放す（売却・等価交換含む。）ことに抵抗感のある場合に適しており，土地の有効活用に大きく貢献できる分有方式の一つとして有意義である。一般に分有とは「一つのものをいくつかに分けて所有すること。権利を分有する。土地を分有する。」とあるが，理論は『五十嵐マンション』1：6：6を参照してほしい）。

　分有という形では，将来の権利関係が複雑化する以上，市街地再開発事業をならって，民間事業会社が密集市街地を再生させる動きが，全国の主要都市で広がっている。

　権利変換登記は，まさに土地家屋調査士が中心となって今後参画し，むしろリードしていくことで，本事例等と置き換えていきたい。

第8章 仮換地に分譲マンションが建築される場合

・分譲マンションが仮換地に新築され，換地処分前に区分建物表題登記されること。
・分譲マンションの所有権保存登記が換地処分前に行われること。

以上が，この章の大前提である。

換地計画の内容によっては，換地処分後の土地に対してマンションの各所有者が共有する土地持分の整理（共有物分割あるいは交換等）が必要となり，住所変更や抵当権抹消登記など様々な登記が必要になる場合がある。

従前地1筆に対して仮換地が1筆である場合には問題はないが，従前地1筆に対して仮換地が2筆以上の場合には問題が起こり得る。

従前地1筆に対して仮換地2筆以上の場合に，従前地を仮換地の筆数と相対する換地計画の変更を行えば問題は防げるが，そのようにできなかった場合の事例を挙げる。

なお，賃貸マンションなどのように，マンションの所有者が同一の場合は，土地に関して所有権の問題が発生しないためなんら問題が起きる要素はない。

1 基本事例──従前地1筆，仮換地1筆の表題登記（事例12）

従前地と仮換地がそれぞれ1筆ずつ相対である基本的な換地計画である場合，マンション新築後の区分建物表題登記の際に，従前地を敷地権の対象土地とすればよい。

換地処分前にマンション購入者名義に所有権保存登記後，後日換地処分が行われると，施行者からの嘱託登記により換地に対して従前地に登記された内容が移記される。したがって換地処分後に問題が起きる要素はない。

〈図17　事例12のイメージ〉

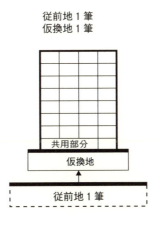

第8章 仮換地に分譲マンションが建築される場合

> ・従前地1筆，仮換地1筆である。
>
> ・なお，換地処分後は「仮換地」を「換地」と読み替えるものとする。以後同様。

2 従前地1筆，仮換地2筆──問題がない事例（事例13）

　従前地が1筆，仮換地が2筆（あるいは2筆以上）であっても隣接している場合，その全てを敷地とする分譲マンションであれば，事例12に内容は同じであり換地処分後に発生する問題はない。

　事例12との相違点は仮換地が1筆か2筆（あるいは2筆以上）かの違いだけである。

　仮換地a及び仮換地bに別々の分譲するマンションが建築される場合は，複雑な問題が発生する可能性が高いため事例14で説明する。

〈図18　事例13のイメージ〉

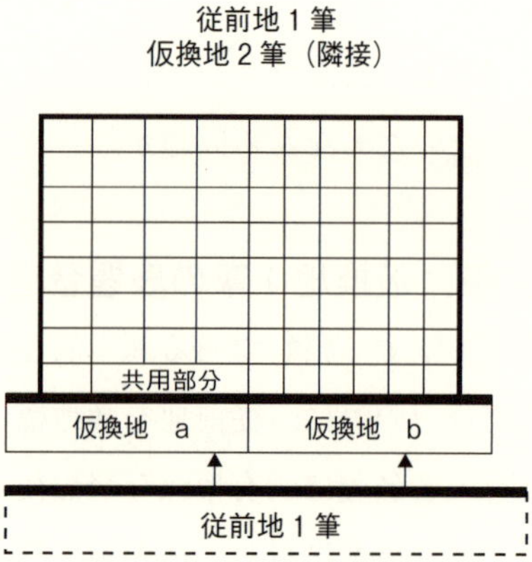

従前地1筆
仮換地2筆（隣接）

共用部分

仮換地　a　　仮換地　b

従前地1筆

> 　従前地は1筆，仮換地が2筆（以上）であり，隣接している。

3 従前地1筆，仮換地2筆──問題がある事例（事例14）

　この章の前提で記述したが，換地処分前に所有権保存登記・土地持分移転登記（非敷地権のため）が，全購入者に行われることが前提である。

　その上で次のように仮定する。

・A棟専有部分　建物の名称はA1からA60まで──合計60戸。

　B棟専有部分　建物の名称はB1からB40まで──合計40戸。

　A棟・B棟　合計100戸。

・敷地利用権は所有権。その持分割合は全100戸同じで100分の1。

　これにより，従前地の所有権割合はA棟合計100分の60。B棟合計100分の40となる。従前地が1筆，仮換地が2筆（あるいは2筆以上）であり，団地規約の定めのな

3 従前地1筆，仮換地2筆——問題がある事例（事例14）

い別々の分譲マンションが建築された場合は問題が残る。土地区画整理事業において経過的（一時的）に起きる事象であるが，従前地がA棟・B棟の共有となっているため，換地処分後の換地a・換地bもそのままA棟・B棟の共有であることが問題となる。

この事象を解決するためには，互いに持分を交換する。換地処分後の換地の所有権は，換地aについてはA棟全戸が所有し，換地bについてはB棟全戸が所有する登記手続が必要となる。

なお，仮換地とマンションの関係について『五十嵐マンション』2：9に詳述されている。

〈図19　事例14のイメージ〉

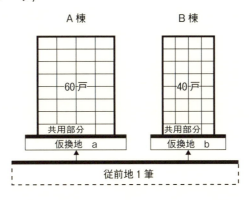

（注）イメージ図の仮換地は離して表示したが，接続していても理論的にはまったく同じである。接続している場合との違いは1個のマンションを離れている仮換地にまたがって建築することには相当な無理があることである。

- 従前地は1筆，仮換地2筆（以上）であり，離れている。
- 仮換地aにA棟が，仮換地bにB棟が新築される。
- A棟，B棟の新築時期は，同時の場合もあれば間が空く場合もある。

第9章 市街地再開発事業，権利変更の流れ

　少々，区分登記とは違った話題として，現在の土地家屋調査士会が取り組む対象の一つに，都市の木造建物密集地における狭あい道路の解消問題がある。

　平成22年に国土交通省所管の社会資本整備総合交付金交付要綱（平成23年3月11日制定，平成31年3月29日最終改正）が制定され，生活環境の保全，都市環境の改善及び国土の保全と開発並びに住生活の安定の確保及び向上等を図ることを目的とし，各地方公共団体が行う狭あい道路整備等促進事業，及び狭あい道路拡幅整備事業を行う民間事業者等に対する補助事業であって，各土地家屋調査士会が減災，防災を大義に，市町村に働きかけをしている。

　しかし中核都市等では，この交付金の対象事業は，区画整理事業や都市再生整備計画事業と利用範囲が広いところ，目立つ事業への集中的投資へと目が向きがちである。

　ここからが本題となる。

　市街地再開発の登記書式が解説されている書籍は少なく，そこには新築時に分譲マンションと販売対象の住戸も，商業施設についても，全て再開発組合の申請人負担で区分建物表題登記と，所有権保存登記を行うよう解説されている（都再101条）。原則は，都市再開発法にもその通り条文化されているが，そうすると所有権保存登記の免許税を参加組合員として事業参加した分譲ディベロッパーが負担した上で，各専有部分の購入者は所有権移転登記を経由して，住宅ローンの抵当権設定登記と，事後申請し，その少々高い免許税を負担することとなる。

　2012年。今から10年余り前より実務では，この二重課税負担を緩和する方向で，都内の某案件以来，この新築時の再開発権利変換案件は，各法務局との事前協議を行うことによって区分建物表題登記までを組合が申請し，とどめおくことが認められている。

　個別に対応を協議していただきたい。

　市街地再開発事業として，東京・大阪・名古屋をはじめ，地方の中核都市の駅前や密集商業地等の再開発は，行政としては目玉事業となる。補助金の投入や，かつてはUR都市再生機構がコーディネート役としてリードをし，多くの事案が完成している。

　しかしながらこの一連の手続，及び登記に関しては，直接編集された書籍として，細田進＝島野哲郎『Q＆A　都市再開発の登記実務と記載例』（日本加除出版，2013年），安本典夫監修，兵庫県司法書士会編集『都市計画・区画整理・都市再開発の実務と登記』（民事法研究会，2003年）がある程度で，詳しい実務家は土地家屋調査士，司法書士業界に少ないのが現実である。

第9章　市街地再開発事業，権利変更の流れ

　このため，ディベロッパーや他業種コンサルタントなどによって，管轄法務局での事前協議が持ち込まれることもあり，初めて関与する地域では，とまどうこともあるという。

　そもそも市街地再開発事業は，都市部の土地所有が細分化されていることから，減歩という手法をとる土地区画整理事業を施行すれば土地の細分化を更に進め，狭小敷地では再建築ができないこともあって，宅地を立体化するところから始まっている。

　この手法を昭和36年（1961年），公共施設の整備に関連する市街地の改造に関する法律が制定されたが，あくまで公共施設の整備を主としていたことにより，市街地の再開発を権利変換方式に拠るとする昭和44年（1969年）都市再開発法が制定された。

　現在では都市再開発法と都市計画法にのっとり，地域に必要な公共貢献施設を創出し，一層の高度利用と都市機能の更新を図り，公共の福祉にも寄与することで，既存の都市計画（用途，容積率等）の緩和をうけた第1種と第2種の市街地再開発事業が全国でさかんに進められている（この章では，第1種に絞って解説する。）。

　地権者と行政が街づくりの協議をし，準備組合を設立し，事業協力者を確定し，基本計画を作成していく。決定した新たな都市計画には，地権者のみなさんからの同意書をいただく。

　正式に再開発組合の定款や事業計画を作成し，地区内の権利者の同意を得て，公益法人の再開発組合を組成し，認可を受け，「保留床を取得するディベロッパー（後日その床を分譲する委託者として土地家屋調査士と会うことになる。）＝参加組合員」が確定する。

　実施設計により，権利変換計画書によって従前の権利と新たな再開発ビルの建物の床，及び敷地の権利（従後資産）の相対関係が確定する。

　この時点でこの計画書と認可の公告等を添付し，施行地区内の宅地，建築物，及び既登記の借地権について権利変換手続が開始された旨の登記を行う。この登記以後は，施行者（組合）の承認なくして処分はできなくなる（都再70条）。

　この70条登記は，司法書士が代理人となって申請する。

施行地区の広い敷地内を横断する道水路について

　この施行地区，地区外には，当然その施行地区の広い敷地内を横断する道水路について，70条登記を申請するまでに分筆しておく必要がある。赤道，青道の場合は財務局，一括譲与等により市に管理が移管されていた場合には市の嘱託にて対応することとなるが，要は，司法書士に委任（又は嘱託）するだけでは70条登記は止まってしまうところ，施行地区の画定に土地家屋調査士が最初から関与していないと，かような事態になる例を体験済みである。

　また，家屋の登記にも注意が必要で，施行地区に入ることを拒否した土地所有者の敷地上借地権者の家屋が旧法の，区分所有権施行前の長屋（普通建物登記）で，区分されていないことから，施行地区内外にかかわらず地区外の借地権者の所有建物まで滅失登記がされてしまった例もあるので注意を要する。

◎権利変換期日

　既存の家屋の除却，土地の明渡しに併せて，工事期間中の補償費や移転先の補てんが行われたり，完全に転出されていく地権者には全額の支払が行われ，約1～3年間，工事が行われていく。

　権利変換期日後，遅滞なく施行地区内の全ての土地表題登記抹消を行い，一度公図は全て消え，その連件で新たな1筆（字界等では複数筆）の土地表題登記と，権利変換後の土地の所有権保存，抵当権等を全て持分として，又はその持分に対して登記を一括にて申請する（都再90条）。

90条登記

　90条登記については，土地家屋調査士と司法書士が連名で代理人となって，要は一件の申請による一括申請を行う。

　また，土地表題登記は，土地所在図がその地区の新たな地図にそのまま使用される以上，管轄法務局との事前協議なくしては混乱を招くので注意する。

第9章 市街地再開発事業，権利変更の流れ

建物の滅失登記代位について

　既存の建物の除却に当たり，所有権や抵当権の抹消等を必要に応じて代位をすることができる再開発組合にも，限界がある。
　建物の滅失登記を代位することは権限外である。所有者が登記申請当事者であり申請義務者である。
　費用負担は前もって補償費におり込む事前打合せがない場合，市街地再開発組合に請求書を受け取ってもらえない事態が生じることもあり得る。

　市街地再開発組合は，再開発ビルの竣工後，発注していた工事代金を施工ゼネコンに支払うため，参加組合員である分譲ディベロッパーからの入金を求める。ディベロッパーは仮に100戸の分譲戸があれば，各専有部分の登記名義を各購入者へ移転し，ローン実行を求める。金融機関は再開発ビルの新築登記の仕組みが分からず，融資実行前に竣工後の区分所有登記の複合体ともいえる大型再開発ビルの全容を確認するため，説明を求める。
　この都市再開発法101条登記後の全容を説明できることが市街地再開発事業登記に関与する土地家屋調査士に必須である。
　101条登記を申請するまでに，実際に竣工する建物の設計変更が行われていたり，地権者に相続や売買が行われていると，101条登記以外の手配も必要となる。
　権利変換計画書のみが添付書類（公告は必要）となる101条の表題・保存等の一括申請は，必ず軽微な変更でも認可権者の承認や，関係者への縦覧手続が必要となり，その期間，登記申請が十分できないことが生じる。

101条登記

　大型の市街地再開発竣工時の登記は，1件の101条登記で100件～200件以上の登記内容となり，分譲マンションの引渡し，担保設定を連件にて同時申請すると，管轄法務局には一度に400～500件分，申請が集中することになり，かつ，ローンの受領証の発行だけでも1日で終了しないケースもある。あらかじめ関係者にこの登記申請に関する情報提供に漏れがないかどうか，しっかり集中して取り組むことが肝要となる。

第9章　市街地再開発事業，権利変更の流れ

〈例11　登記申請書―土地の権利変換手続開始の登記（都再70条）〉

登　記　申　請　書

登記の目的　　都市再開発法による権利変換手続開始

添付情報　　　公告を証する情報　資格を証する情報
　　　　　　　代理権限を証する情報

☑　登記完了証の交付は，送付の方法によることを希望します。
　　　　　　（送付先の住所　甲市乙町二丁目20番10号
　　　　　　　　　　　　司法書士　　乙　野　　　　司）

登録免許税　　登録免許税法第5条第7号

　令和○年○月○日申請
　　　　　　　　○○（地方）法務局○○出張所（支局）
施　行　者　　甲市乙町一丁目10番1号
　　　　　　　　甲　市街地再開発組合
申　請　人　　甲市乙町一丁目10番1号
　　　　　　　　甲　市街地再開発組合
　　　　　　　　理事長　　○　○　○　○
代　理　人　　甲市乙町二丁目20番10号
　　　　　　　　司法書士　　乙　野　　　　司　　㊞
　　　　　　　　連絡先の電話番号　012-345-6789

不動産の表示
　　別紙のとおり

〔別　紙〕
　　不動産番号　　0 1 2 3 4 5 6 7 8 9 0 1 2

所　　　在	地　番	地　目	地　積 m²	借地権の登記の有無	
				有	無
甲市乙町一丁目	31番2	宅　地	135 33		
甲市乙町一丁目	33番1	宅　地	935 50		
甲市乙町一丁目	48番2	雑種地	234		

（出典：『都市再開発』178頁～179頁を基に著者作成）

第9章 市街地再開発事業，権利変更の流れ

〈例 12　登記申請書―建物の権利変換手続開始の登記（都再 70 条）〉

登 記 申 請 書

登記の目的　　都市再開発法による権利変換手続開始

添 付 情 報　　公告を証する情報　資格を証する情報

　　　　　　　代理権限を証する情報

□　登記識別情報の通知を希望しません。

☑　登記識別情報の通知は，送付の方法によることを希望します。

　　　　（送付先の住所　甲市乙町二丁目 20 番 10 号

　　　　　　　　　　　　司法書士　　乙　野　　　司）

☑　登記完了証の交付は，送付の方法によることを希望します。

　　　　（送付先の住所　甲市乙町二丁目 20 番 10 号

　　　　　　　　　　　　司法書士　　乙　野　　　司）

登録免許税　　登録免許税法第 5 条第 7 号

　令和○年○月○日申請

　　　　　　　○○（地方）法務局○○出張所（支局）

施 行 者　　　甲市乙町一丁目 10 番 1 号

　　　　　　　　　甲　市街地再開発組合

申 請 人　　　甲市乙町一丁目 10 番 1 号

　　　　　　　　　甲　市街地再開発組合

　　　　　　　　　理事長　　○　○　○　○

代 理 人　　　甲市乙町二丁目 20 番 10 号

　　　　　　　　　司法書士　　乙　野　　　司　印

　　　　　　　　　連絡先の電話番号　012-345-6789

不動産の表示

不動産番号　　0 1 2 3 4 5 7 6 9 8 5 1 2

　　　所　　在　　甲市乙町一丁目 31 番地 2

　　　家屋番号　　31 番 2

　　　種　　類　　居　宅

　　　構　　造　　木造亜鉛鋼板ぶき 2 階建

　　　1　　階　　86.33 m²

　　　2　　階　　75.90 m²

（出典：『都市再開発』227 頁～228 頁を基に著者作成）

第9章 市街地再開発事業，権利変更の流れ

〈例13　登記申請書―土地の表題登記と所有権保存の登記（都再90条）〉

登 記 申 請 書

都市再開発法第90条第1項の規定による登記

（全員同意型の場合は，

　都市再開発法第110条及び第90条第1項の規定による登記

地上権非設定型の場合は，

　都市再開発法第111条及び第90条第1項の規定による登記

と記録します。）

登記の目的　　土地表題登記

登 記 原 因　　令和○年○月○日　都市再開発法による権利変換

登記の目的　　所有権保存

添 付 情 報　　権利変換計画書及び同認可書

　　　　　　　資格を証する情報　　　　土地所在図

　　　　　　　地積測量図　　　　　　　代理権限を証する情報

□　登記識別情報の通知を希望しません。

☑　登記識別情報の通知は，送付の方法によることを希望します。

　　　　（送付先の住所　甲市乙町二丁目20番10号

　　　　　　　　　　　　　　　司法書士　　乙　野　　　司）

☑　登記完了証の交付は，送付の方法によることを希望します。

　　　表題登記について

　　　　（送付先の住所　甲市丙町一丁目13番13号

　　　　　　　　　　　　　土地家屋調査士　　甲　野　一　郎）

　　　所有権保存登記について

　　　　（送付先の住所　甲市乙町二丁目20番10号

　　　　　　　　　　　　　　　司法書士　　乙　野　　　司）

登録免許税　　登録免許税法第5条第7号

　　令和○年○月○日申請

　　　　　　　○○（地方）法務局○○出張所（支局）

施 行 者　　甲市乙町一丁目10番1号

　　　　　　　　甲　市街地再開発組合

申 請 人　　甲市乙町一丁目10番1号

　　　　　　　　甲　市街地再開発組合

代 理 人　　甲市丙町一丁目13番13号

　　　　　　　　土地家屋調査士　　甲　野　一　郎　　㊞

　　　　　　　　　連絡先の電話番号　012-345-6789

　　　　　　　甲市乙町二丁目20番10号

　　　　　　　　司法書士　　乙　野　　　司　　㊞

　　　　　　　　　連絡先の電話番号　012-987-6543

共有者

　　別紙のとおり

不動産の表示

不動産番号						
土地の表示	所　在	甲 市 乙 町 一 丁 目				
	①地　番	②地目	③地　　　積 m²			登記原因及びその日付
	50番1	宅地	4	565	78	令和○年○月○日　都市再開発法による権利変換

〔別　紙〕

所　有　者		
住　　　　所	氏　　　名	持　　　　分
甲市乙町一丁目1番3号	富士　良雄	1000000分の16900
甲市乙町二丁目7番8号	筑波　春治	1000000分の13456
～～～～～～～～～～～～	～～～～～～～～	～～～～～～～～～
甲市乙町一丁目5番3号	阿蘇　夏樹	1000000分の21800

（出典：『都市再開発』203頁〜204頁を基に著者作成）

第9章　市街地再開発事業，権利変更の流れ

　竣工した上で，完了公告がなされ，土地家屋調査士と司法書士が一括申請の代理人
として名を連ねることになる。以下，都市再開発法 101 条の申請書として，地元の市
町村に公共駐車場施設（非課税），商業施設が 1 店舗分専有部分，地権者の権利床が住
戸 6 件，店舗 9 件，ここまでは所有権保存登記を完了させ，分譲戸 112 戸を区分建物
表題登記で留めた事例 15 を掲載する（**例 14・15** 参照）。

〈例 14　都市再開発資料一覧（事例 15）〉

1.　名変		3 件
2.　権変変更		1 件
3.　所有権移転　　再開発組合→○○市		2 件
再開発組合→○○○農協		1 件
4.　101 条　46-8 から		
①区分建物表題登記	(1)　北棟（住宅）	1 件（46-8）
	(2)　南棟（店舗）	1 件（46-9）
	(3)　西 1 棟（駐輪場）	1 件（46-10）
	(4)　西 2 棟（駐車場）	1 件（46-11）
②規約設定共用部分	(1)　北棟（住宅）	1 件（46-12）
	(2)　西 2 棟（駐車場）	1 件（46-13）
③所有権保存登記	(1)　北棟（住宅）	6 件（46-14〜）
	(2)　南棟（店舗）	9 件
	(3)　西 1 棟（駐輪場）	2 件
	(4)　西 2 棟（駐車場）	14 件
④根抵当権設定	(1)　南棟（店舗）	2 件（46-45〜）
	合計	46 件

第9章　市街地再開発事業，権利変更の流れ

〈例15　登記申請書（事例15）〉

登 記 申 請 書

都市再開発法第101条第1項の規定により登記の申請をする。

添 付 書 類

　　　　権利変換計画書　　　　同 認 可 書　　　　建 物 図 面　　　　　各階平面図

　　　　（原本還付）　　　　　（原本還付）

　　　　代理権限証書　　　　　資格証明書　　　　　変更証明書

　　　　　　　　　　　　　　　（原本還付）　　　　（原本還付）

譲受者　○○○○○○○○○の持分の課税価格

　　　　　　　　　　金○,○○○万6,000円

登録免許税　　　　登録免許税法第5条第7号

　　　　　　　　　及び金○○万700円

令和○年9月8日　申請　○○地方法務局　大垣支局

施 行 者　　　　○○市○町一丁目○番

（申請人）　　　　○○駅南街区市街地再開発組合

　　　　　　　　　理事長　○　○　○　○

代 理 人　　　　○○市○○○○丁目○○番地

　　　　　　　　　土地家屋調査士　○○○○○　印

　　　　　　　　　連絡先の電話番号　○○○○-○○-○○○○

　　　　　　　　　司 法 書 士　○○○○○　印

　　　　　　　　　連絡先の電話番号　○○○○-○○-○○○○

105

①の登記（1）

登記の目的　　区分建物表題登記

<table>
<tr><td rowspan="5">一棟の建物の表示</td><td rowspan="2">所　　在</td><td colspan="4">○○市○町一丁目１番地</td></tr>
<tr><td colspan="3"></td><td></td></tr>
<tr><td>建物の名称</td><td colspan="4">○○○○○○○○○○北棟</td></tr>
<tr><td>①構　　造</td><td colspan="3">②床　　面　　積（m^2）</td><td>原因及びその日付</td></tr>
<tr><td>鉄筋コンクリート造陸屋根17階建</td><td colspan="2">1階　989 43
2階　761 05
3階　722 11
4階　700 75
5階　700 75
6階　700 75
7階　700 75
8階　700 75
9階　700 75
10階　700 75
11階　700 75
12階　700 75
13階　700 75
14階　700 75
15階　700 75</td><td>16階　700 75
17階　700 75</td><td></td></tr>
</table>

<table>
<tr><td rowspan="6">敷地権の目的である土地の表示</td><td>①土地の符号</td><td>②所在及び地番</td><td>③地目</td><td>④地積（m^2）</td><td>原因及びその日付</td></tr>
<tr><td>1</td><td>○○市○町一丁目１番</td><td>宅地</td><td>7506 61</td><td></td></tr>
<tr><td></td><td></td><td></td><td></td><td></td></tr>
<tr><td></td><td></td><td></td><td></td><td></td></tr>
<tr><td></td><td></td><td></td><td></td><td></td></tr>
<tr><td></td><td></td><td></td><td></td><td></td></tr>
</table>

第 9 章　市街地再開発事業，権利変更の流れ

	家屋番号	建物の名称	主たる建物又は附属建物	①種類	②構造	③床面積 m²		原因及びその日付
専有部分の建物の表示	○町一丁目1番の1の401	401		居宅	鉄筋コンクリート造1階建	4階部分 88	39	令和○年8月27日 新築

	①土地の符号	②敷地権の種類	③敷地権の割合	原因及びその日付
敷地権の表示	1	所有権	100万分の3602	令和○年8月27日 敷地権

所有者
　○○○○○区○○○○○丁目○○番○○号　持分100分の60　株式会社○○
　○○市○○○区○○○○丁目○番○○号　100分の40　○○不動産株式会社

（注）　地域による取扱いとして，家屋番号の後段を部屋番号とするケース。

①の登記（2）

登記の目的　　区分建物表題登記

<table>
<tr><td rowspan="7">一棟の建物の表示</td><td colspan="2">所　在</td><td colspan="3">○○市○町一丁目1番地</td><td></td></tr>
<tr><td colspan="2">建物の名称</td><td colspan="4">○○○○○○○○南棟</td></tr>
<tr><td>①構　造</td><td colspan="3">②床　面　積　（m²）</td><td colspan="2">原因及びその日付</td></tr>
<tr><td rowspan="4">鉄骨造陸屋根
3階建</td><td colspan="3">1階　　907：76
2階　　803：25
3階　　845：48</td><td colspan="2"></td></tr>
<tr><td colspan="3"></td><td colspan="2"></td></tr>
<tr><td colspan="3"></td><td colspan="2"></td></tr>
<tr><td colspan="3"></td><td colspan="2"></td></tr>
<tr><td rowspan="5">敷地権の目的である土地の表示</td><td>①土地の符号</td><td>②所　在　及　び　地　番</td><td>③地目</td><td>④地積（m²）</td><td colspan="2">原因及びその日付</td></tr>
<tr><td>1</td><td>○○市○町一丁目1番</td><td>宅地</td><td>7506：61</td><td colspan="2"></td></tr>
<tr><td></td><td></td><td></td><td></td><td colspan="2"></td></tr>
<tr><td></td><td></td><td></td><td></td><td colspan="2"></td></tr>
<tr><td></td><td></td><td></td><td></td><td colspan="2"></td></tr>
</table>

第9章　市街地再開発事業，権利変更の流れ

専有部分の建物の表示	家屋番号	建物の名称	主たる建物又は附属建物	①種類	②構造	③床面積 m²		原因及びその日付
	○町一丁目1番の2の101	101		店舗	鉄筋コンクリート造1階建	1階部分 349	63	令和○年8月27日新築

敷地権の表示	①土地の符号	②敷地権の種類	③敷地権の割合	原因及びその日付
	1	所有権	100万分の35171	令和○年8月27日 敷地権

所有者
　○○市○○町○○○番地の1　○○○農業協同組合

第9章 市街地再開発事業，権利変更の流れ

①の登記（3）

登記の目的　　区分建物表題登記

一棟の建物の表示	所　　在	○○市○町一丁目1番地		
	建物の名称	○○○○○○○○○西1棟		
	①構　　造	②床　面　積（m²）		原因及びその日付
	鉄骨造陸屋根2階建	1階　1296:51 2階　1296:51		
敷地権の目的である土地の表示	①土地の符号	②所 在 及 び 地 番	③地目	④地積（m²）	原因及びその日付
	1	○○市○町一丁目1番	宅地	7506:61	

	家屋番号	建物の名称	主たる建物又は附属建物	①種類	②構造	③床面積 m²		原因及びその日付
専有部分の建物の表示	○町○丁目○番の3の101	101		駐輪場	鉄骨造1階建	1階部分 1194	50	令和○年8月27日 新築

	①土地の符号	②敷地権の種類	③敷地権の割合	原因及びその日付
敷地権の表示	1	所　有　権	100万分の75124	令和○年8月27日 敷地権
	所有者　　○○市			

第9章　市街地再開発事業，権利変更の流れ

①の登記（4）

登記の目的　　区分建物表題登記

<table>
<tr><td rowspan="11">一棟の建物の表示</td><td>所　　　在</td><td colspan="3">○○市○町一丁目1番地</td><td></td></tr>
<tr><td>建物の名称</td><td colspan="4">○○○○○○○○○西2棟</td></tr>
<tr><td>①構　　造</td><td colspan="3">②床　面　積（m²）</td><td>原因及びその日付</td></tr>
<tr><td rowspan="8">鉄骨造陸屋根
5階建</td><td colspan="3">1階　　737 58
2階　1419 68
3階　1414 28
4階　1414 28
5階　1414 28</td><td></td></tr>
</table>

<table>
<tr><td rowspan="5">敷地権の目的である土地の表示</td><td>①土地の符号</td><td>②所　在　及　び　地　番</td><td>③地目</td><td>④地積（m²）</td><td>原因及びその日付</td></tr>
<tr><td>1</td><td>○○市○町一丁目1番</td><td>宅地</td><td>7506 61</td><td></td></tr>
<tr><td></td><td></td><td></td><td></td><td></td></tr>
<tr><td></td><td></td><td></td><td></td><td></td></tr>
<tr><td></td><td></td><td></td><td></td><td></td></tr>
</table>

第9章　市街地再開発事業，権利変更の流れ

	家屋番号	建物の名称	主たる建物又は附属建物	①種類	②構造	③床面積 m²	原因及びその日付
専有部分の建物の表示	○○市○町○丁目○番の4の201	201		駐車場	鉄骨造1階建	2階部分 83:52	令和○年8月27日 新築

	①土地の符号	②敷地権の種類	③敷地権の割合	原因及びその日付
敷地権の表示	1	所有権	100万分の4621	令和○年8月27日 敷地権

所有者
　○○市○町○丁目○番地　持分4621分の○○○　○○○○
　○○市○○町○番地　4621分の○○○○　○○○○○○○○○○○株式会社
　○○市○○町○○○番地の1　4621分の○○○○　○○○農業協同組合

③の登記（2）

登記の目的　　　　所有権保存

所　有　者　　　　○○市○○町○○○番地の１
　　　　　　　　　　　○○○○○○○組合
　　　　　　　　　　　　代表理事　○　○　○

不動産の表示

一棟の建物の表示
　　所　　　在　　　○○市○町一丁目１番地
　　建物の名称　　　○○○○○○○○南棟

専有部分の建物の表示
　　家　屋　番　号　　○町一丁目１番の２の101
　　建物の名称　　　101
　　種　　　類　　　店舗
　　構　　　造　　　鉄骨造１階建
　　床　面　積　　　１階部分　349.63m^2

---

③の登記（3）

登記の目的　　　　所有権保存

所　有　者　　　　○○市
　　　　　　　　　　市長　○　○　○

不動産の表示

一棟の建物の表示
　　所　　　在　　　○○市○町一丁目１番地
　　建物の名称　　　○○○○○○○○西１棟

専有部分の建物の表示
　　家　屋　番　号　　○町一丁目１番の３の101
　　建物の名称　　　101
　　種　　　類　　　駐輪場
　　構　　　造　　　鉄骨造１階建
　　床　面　積　　　１階部分　1194.50m^2

③の登記（4）

登記の目的　　　　所有権保存

所　有　者　　　○○市○町○丁目1番地
　　　　　　　　　持分 4621 分の○○○
　　　　　　　　　　○　　○　　○　　○

　　　　　　　　　○○市○○町1番地
　　　　　　　　　4621 分の○○○○
　　　　　　　　　　○○○○○○○○○○○○株式会社
　　　　　　　　　　代表取締役　○　○　○　○

　　　　　　　　　○○市○○町○○○番地の1
　　　　　　　　　4621 分の○○○○
　　　　　　　　　　○○○○○○○組合
　　　　　　　　　　代表理事　○　○　○

不動産の表示

一棟の建物の表示
　　所　　　在　　　　○○市○町一丁目1番地
　　建物の名称　　　　○○○○○○○○西2棟

専有部分の建物の表示
　　家 屋 番 号　　　　○町一丁目1番の4の201
　　建物の名称　　　　201
　　種　　　類　　　　駐車場
　　構　　　造　　　　鉄骨造1階建
　　床 面 積　　　　2階部分　83.52m^2

第9章　市街地再開発事業，権利変更の流れ

　前頁までの一括申請の後に分譲住戸の売買保存登記を連件にて申請する。

登 記 申 請 書

登記の目的　　　所有権保存
原　　　因　　　令和元年9月23日　売買
所　有　者　　　○○市○町一丁目1番地
　　　　　　　　○○○○○○○○○○○○タワー○○○号
　　　　　　　　持分2分の1
　　　　　　　　　　○　　○　　○　　○

　　　　　　　　○○市○町一丁目1番地
　　　　　　　　○○○○○○○○○○○○タワー○○○号
　　　　　　　　2分の1
　　　　　　　　　　○　　○　　○　　○　　○

添　付　書　類
　　　　　　　　登記原因証明情報及び承諾書（一部前件添付）
　　　　　　　　（会社法人等番号　○○○○－○○－○○○○○○）
　　　　　　　　（会社法人等番号　○○○○－○○－○○○○○○）
　　　　　　　　住所証明書（原本還付）　　　減税証明書（原本還付）　　　　代理権限証書

令和元年10月4日　法第74条第2項申請
　　　　　　　　　　○○地方法務局　　○○支局

代　理　人　　　○○○市○区○○○○丁目○番○○号
　　　　　　　　司法書士　○　　○　　○　　○　　　　　　印
　　　　　　　　電話番号　○○○（○○○）○○○○

課　税　価　格　　　建　物　　金○,○○○万9,000円
　　　　　　　　　　敷地権　　金○○○万5,000円

　　登記識別情報ならびに原本還付書類は，申請代理人事務所へ郵送を希望する。

登録免許税　　　金○万6,300円
　　　　　　　　建　物　　金○万7,953円
　　　　　　　　　　　　　租税特別措置法第72条の2
　　　　　　　　敷地権　　金○万8,425円

不動産の表示

一棟の建物の表示
　所　　　在　　○○市○町一丁目1番地
　建物の名称　　○○○○○○○北棟

第 9 章　市街地再開発事業，権利変更の流れ

専有部分の建物の表示

　家 屋 番 号　　○町一丁目 1 番の 1 の 401

　建 物 の 名 称　　401

　種　　　　類　　居宅

　構　　　　造　　鉄筋コンクリート造 1 階建

　床　面　積　　4 階部分　88.39m^2

敷地権の表示

　土 地 の 符 号　　1

　所 在 及 び 地 番　　○○市○町一丁目 1 番

　地　　　目　　宅地

　地　　　積　　7506.61m^2

　敷地権の種類　　所有権

　敷地権の割合　　100 万分の○○○○

　　　　　　　　　不動産価格　金○○○万 5,772 円

第 3 編　特殊な事例

第4編
マンション建替え等の円滑化法による登記

はじめに

我が国におけるマンションは，土地利用の高度化の進展に伴い，都市部を中心に持家として定着し，重要な居住形態となっている。

その一方で，一つの建物を多くの人が区分して所有するマンションは，多様な価値観を持った区分所有者間の意思決定の難しさ，利用形態の混在による権利及び利用関係の複雑さなど，戸建住宅とは異なる多くの課題を有している。

今後，建築後相当の年数を経たマンションが急激に増大していくものと見込まれるが，マンションの老朽化は，区分所有者自らの居住環境の低下のみならず，ひいては市街地環境の低下など，深刻な問題を引き起こす可能性がある。

特に，南海トラフ巨大地震や首都直下地震等の巨大地震の発生のおそれがある中，耐震性が不十分なマンションの耐震化等については喫緊の課題となっている。

このような状況の中で，都市の再生と良好な居住環境の確保，地震によるマンションの倒壊その他の被害からの国民の生命，身体及び財産の保護を図り，国民生活の安定向上と国民経済の健全な発展に寄与するためには，適切な修繕や耐震改修等により既存ストックを有効に活用するとともに，マンションの建替え又は除却する必要のあるマンションに係るマンション敷地売却（以下，「マンションの建替え等」という。）の円滑化を図ることが重要である。

マンションの建替え等に伴う不動産登記の申請が必要となることは言うまでもないが，権利変換の登記に代表される一般の不動産登記とは異なる特殊な登記を行う必要がある。これを裏付けるようにマンションの建替え等の円滑化に関する法律（平成14年6月19日法律第68号。平成14年12月18日施行後，幾度にもわたってリニューアル中。以下，「円滑化法」という。）第93条で「施行マンション及び施行再建マンション並びにこれらの敷地の登記については，政令で，不動産登記法（平成16年法律第123号）の特例を定めることができる。」と規定されており，これを受けて「マンションの建替え等の円滑化に関する法律による不動産登記に関する政令」（以下，「円滑不動産令」という。）が制定されている。

本編はマンションの建替え等に関しての登記手続に特化した内容となっているが，

119

はじめに

単に申請書例を示すだけではなく，登記に関連する円滑化法の条文とそれに紐づいた政令の規定を一体的に説明することを心掛けた。円滑な建替事業の遂行のために法がどのような制度を用意しているか，またそれを実現する登記手続がどのようになっているか，当該登記手続は不動産登記法の原則どおりの申請方式や添付書類なのか，それとも政令で特則を設けられた申請方式や添付書類なのか，実体と手続をリンクさせた網羅的な内容となっている。また，事業スケジュールのなかでどのような登記が必要なのか，また，建替組合や各組合員にいつ，いかなる登記関係のご案内が必要になるか，など実務的な視点を交えながら説明していく。

国民の約1割は現在マンションに居住している。マンションのストック数は約654.7万戸（平成30年末時点，国土交通省ホームページ「マンションに関する統計・データ等」），その内，築40年超のマンションは，平成30年末時点で81.4万戸であり，10年後には約2.4倍の197.8万戸，20年後には約4.5倍の366.8万戸となるなど，高経年のマンションは急増すると見込まれている（国土交通省「築30, 40, 50年超の分譲マンション戸数」）。

区分所有者の高齢化，非居住化（賃貸，空き家住宅化）が進行し，管理組合の役員の担い手不足等の課題も抱えている。

一方で，マンションの建替えの実績は累計で236件，約18,800戸（平成30年4月時点）にとどまる。

なお，本書での意見にわたる部分については，私見にすぎないことをあらかじめお断りしておく。特に敷地売却事業については，真新しい制度であり，かつ，実務上の適用例も平成31年1月時点で1件に留まるため，管轄法務局の登記官と綿密に打ち合わせる必要がある。

第1章 マンション建替事業における登記手続

〈図20　おおまかな建替事業スケジュールと登記手続〉

```
建替決議
  ↓ （①）
建替組合設立認可
  ↓ （②，③，④）
権利変換計画認可・権利変換期日
  ↓ （⑤，⑥，⑦，⑧）
工事完了公告
  ↓ （⑨）
```

① 建替え参加者による建替え不参加者への売渡請求（区分所有63条）
② 建替組合による建替え不参加者への売渡請求書（円滑化15条）
③ 権利変換手続開始の登記（円滑化55条）
④ （権利変換登記前の）住所変更登記（円滑不動産令2条）
⑤ 権利変換の登記（円滑化74条）
⑥ 区分建物滅失登記
⑦ 権利変換計画の変更のよる所有権更正登記
⑧ （円滑化82条登記前の）住所変更登記
⑨ 施行再建マンションに関する登記（円滑化82条）

1　建替え参加者による建替え不参加者への売渡請求（区分所有63条）

区分所有法

（区分所有権等の売渡し請求等）

第63条　建替え決議があつたときは，集会を招集した者は，遅滞なく，建替え決議に
賛成しなかつた区分所有者（その承継人を含む。）に対し，建替え決議の内容により
建替えに参加するか否かを回答すべき旨を書面で催告しなければならない。

2　前項に規定する区分所有者は，同項の規定による催告を受けた日から2月以内に回
答しなければならない。

第1章 マンション建替事業における登記手続

3 前項の期間内に回答しなかつた第1項に規定する区分所有者は，建替えに参加しない旨を回答したものとみなす。

4 第2項の期間が経過したときは，建替え決議に賛成した各区分所有者若しくは建替え決議の内容により建替えに参加する旨を回答した各区分所有者（これらの者の承継人を含む。）又はこれらの者の全員の合意により区分所有権及び敷地利用権を買い受けることができる者として指定された者（以下「買受指定者」という。）は，同項の期間の満了の日から2月以内に，建替えに参加しない旨を回答した区分所有者（その承継人を含む。）に対し，区分所有権及び敷地利用権を時価で売り渡すべきことを請求することができる。建替え決議があつた後にこの区分所有者から敷地利用権のみを取得した者（その承継人を含む。）の敷地利用権についても，同様とする。

5 前項の規定による請求があつた場合において，建替えに参加しない旨を回答した区分所有者が建物の明渡しによりその生活上著しい困難を生ずるおそれがあり，かつ，建替え決議の遂行に甚だしい影響を及ぼさないものと認めるべき顕著な事由があるときは，裁判所は，その者の請求により，代金の支払又は提供の日から1年を超えない範囲内において，建物の明渡しにつき相当の期限を許与することができる。

6 建替え決議の日から2年以内に建物の取壊しの工事に着手しない場合には，第4項の規定により区分所有権又は敷地利用権を売り渡した者は，この期間の満了の日から6月以内に，買主が支払つた代金に相当する金銭をその区分所有権又は敷地利用権を現在有する者に提供して，これらの権利を売り渡すべきことを請求することができる。ただし，建物の取壊しの工事に着手しなかつたことにつき正当な理由があるときは，この限りでない。

7 前項本文の規定は，同項ただし書に規定する場合において，建物の取壊しの工事の着手を妨げる理由がなくなつた日から6月以内にその着手をしないときに準用する。この場合において，同項本文中「この期間の満了の日から6月以内に」とあるのは，「建物の取壊しの工事の着手を妨げる理由がなくなつたことを知つた日から6月又はその理由がなくなつた日から2年のいずれか早い時期までに」と読み替えるものとする。

(注) 下線は筆者加筆

◎趣旨

建替え決議の効果としてこの売渡請求を認めることにより，建替え不参加者（決議不参加者，決議に反対の意思表示をした区分所有者）を当該区分所有関係から離脱させ，以後の建替えを円滑に進めることを目的としている。

◎解説

(1) 売渡請求は形成権であり，行使の意思表示が相手方に到達すると，直ちに相手方の区分所有権及び敷地利用権を目的とする時価による売買契約が成立する。

➡ 通常は内容証明郵便にて売渡請求の意思表示を行い，当該郵便の到達日を売買日付として所有権移転登記を行う。

(2) 登記手続は通常の売買による所有権移転登記である。

「判決による登記」(不登63条) ではないため，登記義務者の登記申請意思の擬制はなく，登記の一般原則どおり共同申請によることを要する。

(3) 建替参加者だけで不参加者の権利を買い取る資力がない場合がほとんどであり，建替え参加者全員が同意する場合は，第三者たる買受指定者が売渡請求をすることができる (区分所有63条4項)。

実務の視点

(4) 売渡請求権行使後，請求権行使者が専有部分等について移転登記を受けるまでの間に相手方がこれを第三者に譲渡すると，請求権行使者は第三者と対抗関係にたつ (民177条) ことになるので，その恐れがあるときは，あらかじめ「処分禁止の仮処分」を得てその登記をしておく必要がある。

---

(5) 専有部分とその敷地利用権の分離処分が許容されている場合 (区分所有22条1項ただし書)，には，敷地利用権のみを有し，専有部分を有しない者が生じうるが，その者は，区分所有者ではないため，区分所有者の集会で行った建替え決議に拘束されず，その者に対して売渡請求権を行使することはできない。この場合，任意の売買によるしかない。

一方，建替え決議後に建替え不参加の区分所有者が敷地利用権のみを譲渡した場合には，譲受人 (又はその承継人) に対して敷地利用権の売渡しを請求することができ，不参加者による売渡請求の妨害を防止するための立法の手当てがなされている (区分所有63条4項後段)。

(6) 売渡請求権を行使することができる時期は，63条2項による催告が到達した日から2か月を経過した後の2か月以内である (区分所有63条4項前段，除斥期間)。

(7) 区分所有法63条の売渡請求に基づく所有権移転登記の登録免許税は原則どおり課税される。後述の2 (5) と対比 (租特76条2項は建替組合が取得する場合に限る (令和元年10月現在，令和2年3月31日までに施行，登記したもの)。)。

第1章　マンション建替事業における登記手続

2　建替組合による建替え不参加者への売渡請求書（円滑化15条）

> **円滑化法**
>
> **（区分所有権及び敷地利用権の売渡し請求）**
> **第15条**　組合は，前条第1項の公告の日（その日が区分所有法第63条第2項（区分所有法第70条第4項において準用する場合を含む。）の期間の満了の日前であるときは，当該期間の満了の日）から2月以内に，区分所有法第63条第4項（区分所有法第70条第4項において準用する場合を含む。）に規定する建替えに参加しない旨を回答した区分所有者（その承継人を含み，その後に建替え合意者等となったものを除く。）に対し，区分所有権及び敷地利用権を時価で売り渡すべきことを請求することができる。建替え決議等があった後に当該区分所有者から敷地利用権のみを取得した者（その承継人を含み，その後に建替え合意者等となったものを除く。）の敷地利用権についても，同様とする。
> 2　前項の規定による請求は，建替え決議等の日から1年以内にしなければならない。ただし，この期間内に請求することができなかったことに正当な理由があるときは，この限りでない。
> 3　区分所有法第63条第5項から第7項まで（区分所有法第70条第4項において準用する場合を含む。以下この項において同じ。）の規定は，第1項の規定による請求があった場合について準用する。この場合において，区分所有法第63条第6項中「第4項」とあるのは，「マンションの建替え等の円滑化に関する法律第15条第1項」と読み替えるものとする。
>
> 　　　　　　　　　　　　　　　　　　　　　　　　　（注）下線は筆者加筆

◎趣旨

　建替え参加者による建替え不参加者への売渡請求（区分所有63条）と同様の目的であり，建替組合にも売渡請求権を認め，マンション建替事業の実施主体として積極的に機能できるようにする趣旨である。1項後段は，敷地利用権の分離処分は原則としてできないが，規約で例外を認める余地があり（区分所有22条1項ただし書），敷地利用権の譲受人が区分所有者ではなく，建替え決議の拘束を受けないが，これではマンションの建替えの障害になるため，建替え決議があった後に当該区分所有者から敷地利用権のみを取得した者の敷地利用権についても売渡請求権の行使が認められている。

124

3　権利変換手続開始の登記（円滑化 55 条）

◎解説

(1) 売渡請求は形成権であり，行使の意思表示が相手方に到達すると直ちに，相手方の区分所有権及び敷地利用権を目的とする時価による売買契約が成立する。したがって，区分所有権及び敷地利用権が相手方から組合に移転し，相手方は専有部分の引渡・移転登記義務を負い，組合は時価による売買代金の支払義務を負い，両者の義務は同時履行関係にたつ。

➡　通常は内容証明郵便にて売渡請求の意思表示を行い，当該郵便の到達日を売買日付として所有権移転登記を行う。

(2) 登記手続は通常の売買による所有権移転登記である。

「判決による登記」ではないため，登記義務者の登記申請意思の擬制はなく，登記の一般原則どおり共同申請によることを要する。

(3) 売渡請求により組合が取得した区分所有権及び敷地利用権は，実質的に保留床として権利変換される。

(4) 売渡請求権を行使することができる時期は，組合設立認可の公告の日から 2 か月以内に，かつ，建替え決議の日から 1 年以内に行使しなければならない。

(5) 本条の売渡請求に基づく所有権移転登記の登録免許税は非課税となる（租特 76 条 1 項 2 号。令和 2 年 3 月 31 日まで）。

3　権利変換手続開始の登記（円滑化 55 条）

円滑化法

（権利変換手続開始の登記）

第 55 条　施行者は，次に掲げる公告があったときは，遅滞なく，登記所に，施行マンションの区分所有権及び敷地利用権（既登記のものに限る。）並びに隣接施行敷地の所有権及び借地権（既登記のものに限る。）について，権利変換手続開始の登記を申請しなければならない。

一　組合が施行するマンション建替事業にあっては，第 14 条第 1 項の公告又は新たな施行マンションの追加に係る事業計画の変更の認可の公告

二　個人施行者が施行するマンション建替事業にあっては，その施行についての認可の公告又は新たな施行マンションの追加に係る事業計画の変更の認可の公告

2　前項の登記があった後においては，当該登記に係る施行マンションの区分所有権若しくは敷地利用権を有する者（組合が施行するマンション建替事業にあっては，組合員に限る。）又は当該登記に係る隣接施行敷地の所有権若しくは借地権を有する者は，

これらの権利を処分するときは，国土交通省令で定めるところにより，施行者の承認を得なければならない。

3　施行者は，事業の遂行に重大な支障が生ずることその他正当な理由がなければ，前項の承認を拒むことができない。

4　第2項の承認を得ないでした処分は，施行者に対抗することができない。

5　権利変換期日前において第38条第6項，前条第3項において準用する第49条第1項又は第99条第3項の公告があったときは，施行者（組合にあっては，その清算人）は，遅滞なく，登記所に，権利変換手続開始の登記の抹消を申請しなければならない。

円滑不動産令

（権利変換手続開始の登記）

第4条　法第55条第1項の規定による権利変換手続開始の登記の申請をする場合には，同項各号に掲げる公告があったことを証する情報をその申請情報と併せて登記所に提供しなければならない。

2　法第55条第5項の規定による権利変換手続開始の登記の抹消の申請をする場合には，法第38条第6項，法第54条第3項において準用する法第49条第1項又は法第99条第3項の公告があったことを証する情報をその申請情報と併せて登記所に提供しなければならない。

◎趣旨

①不動産取引の安全を図る

➡　マンション建替事業による権利変換の対象となっていることを知らないで施行マンションの区分所有権等が取引され，善意の第三者が不足の損害を被ることがないようにする。

②権利変換手続の円滑な進行を確保

➡　権利変換手続が開始された後に，権利変換の対象となる施行マンションの区分所有権等が処分された場合，施行者としては，その処分内容を把握し，それを権利変換計画に反映させる必要があるため，施行者が全く関知しないところで自由に処分されることを防止する。

3 権利変換手続開始の登記（円滑化55条）

◎解説

(1) 申請時期──組合設立認可の公告後遅滞なく（組合施行の場合）

(2) 対象──施行マンションの区分所有権，敷地利用権，隣接施行敷地の所有権及び借地権。敷地利用権が借地権である場合又は隣接施行敷地の借地権である場合には，既登記のものに限る。

(3) 効果──処分の当事者間では有効だが，施行者の承認を得ないでした権利の処分を施行者に対抗できない。

実務の視点

(4) 権利の処分に際しては組合へ権利処分承認申請書（印鑑証明書付）の提出が必要になる旨を組合の会報等で，周知しておく必要がある（円滑化規30条）。

〈例16　登記申請書（円滑化法による権利変換手続開始）〉

登 記 申 請 書

登記の目的　　マンションの建替え等の円滑化に関する法律による権利変換手続開始

添付書類　　登記原因証明情報[1, 2]　　　代理権限証書[3]

　　　　　　非課税証明書[4]

登録免許税　　非課税（租税特別措置法第76条第1項第1号）

令和○○年○月○日申請　　　○○法務局○○支局

申　請　人　　○○市○○町○丁目○番○号

　　　　　　○○○○マンション建替組合

　　　　　　　　理事長　　○○　○○

代　理　人　　東京都○○区○○一丁目1番1号

　　　　　　司法書士法人○○事務所

　　　　　　　　代表社員　○　○　○　○

　　　　　　　　（電話番号　03-3815-○○○○）

不動産の表示

　一棟の建物の表示

　　所　　　　在　　○○市○○町○丁目○番地4，○番地3，○番地2，○番地1

　　建 物 の 名 称　　○○○○○○○ハイツ

　敷地権の目的たる土地の表示

　　符　　　　号　　1

　　所在及び地番　　○○市○○町○丁目○番4

第4編　マンション建替え等の円滑化法による登記

127

第 1 章 マンション建替事業における登記手続

地　　　　目　　宅地

地　　　　積　　489.14 平方メートル

符　　　　号　　2

所在及び地番　　○○市○○町○丁目○番 3

地　　　　目　　宅地

地　　　　積　　830.55 平方メートル

符　　　　号　　3

所在及び地番　　○○市○○町○丁目○番 2

地　　　　目　　宅地

地　　　　積　　449.20 平方メートル

符　　　　号　　4

所在及び地番　　○○市○○町○丁目○番 1

地　　　　目　　宅地

地　　　　積　　257.54 平方メートル

専有部分の建物の表示および敷地権の種類・割合

家屋番号	建物の名称	種類	構造	床面積	土地の符号	敷地権の種類	敷地権の割合
○○町○丁目○番○の○	E202 号	居宅	鉄筋コンクリート造 1 階建	1 階部分　52.53m²	1 乃至 4	所有権	1 万分の 184
○○町○丁目6 番 3 の 2	E304 号	居宅	鉄筋コンクリート造 1 階建	3 階部分　52.53m²	1 乃至 4	所有権	1 万分の 184
○○町○丁目6 番 3 の 3	S104 号	居宅	鉄筋コンクリート造 1 階建	1 階部分　52.73m²	1 乃至 4	所有権	1 万分の 185
○○町○丁目6 番 3 の 4	S201 号	居宅	鉄筋コンクリート造 1 階建	2 階部分　52.73m²	1 乃至 4	所有権	1 万分の 185
○○町○丁目6 番 3 の 5	S301 号	居宅	鉄筋コンクリート造 1 階建	3 階部分　52.73m²	1 乃至 4	所有権	1 万分の 185
○○町○丁目6 番 3 の 6	S302 号	居宅	鉄筋コンクリート造 1 階建	3 階部分　52.73m²	1 乃至 4	所有権	1 万分の 185
○○町○丁目6 番 3 の 7	S304 号	居宅	鉄筋コンクリート造 1 階建	3 階部分　52.73m²	1 乃至 4	所有権	1 万分の 185
○○町○丁目6 番 3 の 8	S307 号	居宅	鉄筋コンクリート造 1 階建	3 階部分　58.60m²	1 乃至 4	所有権	1 万分の 201
○○町○丁目6 番 3 の 9	W101 号	店舗	鉄筋コンクリート造 1 階建	1 階部分　51.69m²	1 乃至 4	所有権	1 万分の 182
○○町○丁目6 番 3 の 10	E203 号	居宅	鉄筋コンクリート造 1 階建	2 階部分　52.53m²	1 乃至 4	所有権	1 万分の 184
○○町○丁目6 番 3 の 11	W103 号	店舗・居宅	鉄筋コンクリート造 1 階建	1 階部分　51.69m²	1 乃至 4	所有権	1 万分の 182
○○町○丁目6 番 3 の 12	E204 号	居宅	鉄筋コンクリート造 1 階建	2 階部分　52.53m²	1 乃至 4	所有権	1 万分の 184
○○町○丁目6 番 3 の 13	W107 号	店舗	鉄筋コンクリート造 1 階建	1 階部分　57.15m²	1 乃至 4	所有権	1 万分の 201
○○町○丁目6 番 3 の 15	E301 号	居宅	鉄筋コンクリート造 1 階建	3 階部分　52.53m²	1 乃至 4	所有権	1 万分の 184

3　権利変換手続開始の登記（円滑化55条）

※1　登記原因の記載は要しない（平15・9・18民二2522号民事局長通達）。
※2　登記原因証明情報として組合設立の認可の公告があったことを証する書面を添付する。具体的には，当該公告が記載されている官報もしくは公報又はそれらの写し。
※3　代理権限証書として①建替組合の資格証明書（申請日において発行後3か月以内のもの。）と②建替組合からの委任状を添付する。

実務の視点

※4　非課税証明書の取得は建替組合から委任状を取得し，行政書士等による代行取得が可能な自治体が多い。申請に当たり提出する申請書様式，添付書類（全ての登記事項証明書の提出を求められることがある。），発行までの期間，手数料等につき事前に自治体担当者と打合せを要する。

〈例17　登記申請書（権利変換手続開始登記抹消）〉

登 記 申 請 書

登記の目的　　○○番権利変換手続開始登記抹消

登記原因　　　平成○年○月○日設立認可取消（解散，事業廃止又は施行認可取消）

申　請　人　　○○市○○町○丁目○番地

　　　　　　　○○○マンション建替組合

　　　　　　　　　　清算人　甲　　　　　某

添付書類　　　登記原因証明情報　　代理権限証書

令和○○年○月○日申請　　○○法務局○○出張所

代　理　人　　○○市○○町○番地

　　　　　　　　　司法書士　何　　　　　某

　　　　　　　連絡先の電話番号○○－○○○○－○○○○

登録免許税　　○千円

不動産の表示

（敷地権の登記がない場合）

　　　不動産番号　　1234567890123

　　　所　　　在　　○○市○○町○丁目

　　　地　　　番　　35番1

　　　地　　　目　　宅地

　　　地　　　積　　○．○平方メートル

　　　敷地利用権の種類　　所有権

第4編　マンション建替え等の円滑化法による登記

第1章 マンション建替事業における登記手続

1棟の建物の表示

　　所　　　　在　　○○市○○町○丁目35番地1

　　建物の名称　　○○○マンション

　1　専有部分の建物の表示

　　不動産番号　　1234567890124

　　家 屋 番 号　　○○町○丁目35番1の101

　　種　　　　類　　居宅

　　構　　　　造　　鉄筋コンクリート造1階建

　　床 面 積　　1階部分　○.○平方メートル

　2　専有部分の建物の表示

　　不動産番号　　1234567890125

　　家 屋 番 号　　○○町○丁目35番1の102

　　種　　　　類　　居宅

　　構　　　　造　　鉄筋コンクリート造1階建

　　床 面 積　　1階部分　○.○平方メートル

（敷地権の登記がある場合）

　1棟の建物の表示

　　所　　　　在　　○○市○○町○丁目35番地1

　　建物の名称　　○○○マンション

　1　専有部分の建物の表示

　　不動産番号　　1234567890124

　　家 屋 番 号　　○○町○丁目35番1の101

　　種　　　　類　　居宅

　　構　　　　造　　鉄筋コンクリート造1階建

　　床 面 積　　1階部分　○.○平方メートル

　　敷地権の表示

　　　土地の符号　　1

　　　不動産番号　　1234567890123

　　　所　　　　在　　○○市○○町○丁目

　　　地　　　　番　　35番1

　　　地　　　　目　　宅地

　　　地　　　　積　　○.○平方メートル

　　　敷地権の種類　　所有権

敷地権の割合　　○分の○

2　専有部分の建物の表示

不動産番号　　1234567890125

家 屋 番 号　　○○町○丁目 35 番 1 の 102

種　　　類　　居宅

構　　　造　　鉄筋コンクリート造 1 階建

床 面 積　　1 階部分　○. ○平方メートル

敷地権の表示

　土地の符号　　1

　不動産番号　　1234567890123

　所　　在　　○○市○○町○丁目

　地　　番　　35 番 1

　地　　目　　宅地

　地　　積　　○. ○平方メートル

　敷地権の種類　　所有権

　敷地権の割合　　○分の○

※　権利変換期日前において，「建替組合の設立についての認可の取消しの公告もしくは建替組合の解散についての認可の公告」があったときは，もはや事業が遂行されることはなく，権利変換手続開始の登記の目的は失われ，いつまでも当該登記が残っているのは望ましくないことから，施行者は，遅滞なく，登記所に権利変換手続開始の登記の抹消を申請しなければならないものとされる。登記原因証明情報として，当該公告があったことを証する書面を添付する。

第1章 マンション建替事業における登記手続

4 （権利変換登記前の）住所変更登記

円滑不動産令

（代位登記）

第2条 マンション建替事業（法第2条第1項第4号に規定するマンション建替事業をいう。以下同じ。）を施行する者又はマンション敷地売却事業（同項第9号に規定するマンション敷地売却事業をいう。以下この条において同じ。）を実施する者は，それぞれマンション建替事業の施行又はマンション敷地売却事業の実施のため必要があるときは，次の各号に掲げる登記をそれぞれ当該各号に定める者に代わって申請することができる。

　一　不動産の表題登記　所有者

　二　不動産の表題部の登記事項に関する変更の登記又は更正の登記　表題部所有者若しくは所有権の登記名義人又はこれらの相続人その他の一般承継人

　三　所有権，地上権又は賃借権の登記名義人の氏名若しくは名称又は住所についての変更の登記又は更正の登記　当該登記名義人又はその相続人その他の一般承継人

　四　所有権の保存の登記　表題部所有者又はその相続人その他の一般承継人

　五　相続その他の一般承継による所有権その他の権利の移転の登記　相続人その他の一般承継人

（代位登記の登記識別情報）

第3条 登記官は，前条の規定による申請に基づいて同条第4号又は第5号に掲げる登記を完了したときは，速やかに，登記権利者のために登記識別情報を申請人に通知しなければならない。

2　前項の規定により登記識別情報の通知を受けた申請人は，遅滞なく，これを同項の登記権利者に通知しなければならない。

(注) 下線は筆者加筆

◎趣旨

　権利変換の登記（円滑化74条）は移転登記の形式で行われるため，権利変換計画書記載の組合員の住所・氏名と施行マンション及びその敷地利用権の登記記録上の所有者の住所・氏名が一致している必要があるところ，各組合員の申請によっていたのでは，建替事業の円滑な遂行に支障が生じる。そこで円滑不動産令2条により，建替組合（敷地売却組合）による代位による登記が認められている。

132

4　（権利変換登記前の）住所変更登記

◎解説

実務の視点

(1) コンサルタント等より権利変換計画書を早めに入手し，登記記録上の所有者の住所・氏名との突き合わせ作業が必要。

(2) 権利変換の登記（円滑化 74 条）の前件で，連件申請も可能。

(3) 相続未登記の場合も，同趣旨で代位による相続登記が可能（円滑不動産令 2 条）。
　　通常，代位による登記の場合は，登記識別情報は通知されないが，この場合，登記識別情報は通知されるので注意する（円滑不動産令 3 条）。

〈例 18　登記申請書（所有権登記名義人住所変更）〉

登　記　申　請　書

登記の目的　　　所有権登記名義人住所変更

原　　　因　　　令和○○年○○月○○日住所移転

変更後の事項　　東京都○○区○○一丁目 1 番 1 号

被 代 位 者　　　東京都○○区○○一丁目 1 番 1 号　　○○　○○

代 位 者　　　　東京都○○区○○○丁目○番○号

　　　　　　　　○○マンション建替組合

　　　　　　　　　理事長　　○○　○○

代 位 原 因　　　マンションの建替え等の円滑化に関する法律による不動産登記に関する政令第 2 条

添 付 書 類　　　①登記原因証明情報

　　　　　　　　②代位原因証明情報（組合設立認可の公告が掲載されている官報もしくは公報又はそれらの写し）

　　　　　　　　③組合の資格証明書（申請日において発行後 3 か月内のもの）

※登録免許税は原則どおり課税。

第 4 編　マンション建替え等の円滑化法による登記

第1章 マンション建替事業における登記手続

5 権利変換の登記 （円滑化74条）

円滑化法

（権利変換の登記）

第74条 施行者は，権利変換期日後遅滞なく，施行再建マンションの敷地（保留敷地を含む。）につき，権利変換後の土地に関する権利について必要な登記を申請しなければならない。

2 権利変換期日以後においては，施行再建マンションの敷地（保留敷地を含む。）に関しては，前項の登記がされるまでの間は，他の登記をすることができない。

円滑不動産令

（土地についての登記の申請）

第5条 法第74条第1項の規定によってする登記の申請は，土地ごとに，一の申請情報によってしなければならない。

2 前項の場合において，2以上の登記の登記事項を申請情報の内容とするには，次に掲げる順序に従って登記事項に順序を付するものとする。この場合において，目的を同一とする2以上の担保権等登記（法第73条の規定により存するものとされた権利に関する登記をいう。以下同じ。）については，その登記をすべき順序に従って登記事項に順序を付するものとする。

一 所有権の移転の登記の申請

二 地上権又は賃借権の設定又は移転の登記の申請

三 担保権等登記の申請

3 第1項の登記の申請をする場合には，不動産登記令（平成16年政令第379号）第3条各号に掲げる事項のほか，法第74条第1項の規定により登記の申請をする旨を申請情報の内容とし，かつ，権利変換計画及びその認可を証する情報をその申請情報と併せて登記所に提供しなければならない。

4 マンション建替事業を施行する者は，法第74条第1項の登記の申請と同時に，区分建物に関する敷地権の登記がある施行マンション（法第2条第1項第6号に規定する施行マンションをいう。次条第1項において同じ。）について，敷地権の消滅を原因とする建物の表題部の変更の登記の申請をしなければならない。

5 登記官は，法第74条第1項の登記をするときは，職権で，権利変換手続開始の登記を抹消しなければならない。

（登記識別情報の通知）

第12条 登記官は，第5条第1項又は第7条第1項の登記を完了したときは，速やかに，登記権利者のために登記識別情報を申請人に通知しなければならない。

2 前項の規定により登記識別情報の通知を受けた申請人は，遅滞なく，これを同項の登記権利者に通知しなければならない。

租特法

（マンション建替事業の施行者等が受ける権利変換手続開始の登記等の免税）

第76条 マンションの建替え等の円滑化に関する法律第2条第1項第5号に規定する施行者，同法第58条第1項第2号の施行再建マンションの区分所有権若しくは敷地利用権を与えられることとなるもの又は同項第5号の担保権等の登記に係る権利を有する者が，同法の施行の日から平成32年3月31日までの間に，同法第2条第1項第4号に規定するマンション建替事業（良好な居住環境の確保に資するものとして政令で定めるものに限る。）に伴い受ける次に掲げる登記については，財務省令で定めるところにより当該期間内に登記を受けるものに限り，登録免許税を課さない。ただし，第3号に掲げる登記に係る登録免許税にあつては，当該施行再建マンションの区分所有権若しくは敷地利用権を与えられることとなるものが取得する同号の土地に関する権利の価額のうち同法第85条の差額又は同法第11条第1項に規定する隣接施行敷地の価額に相当する金額に対応する部分として政令で定めるものについては，この限りでない。

　一　マンションの建替え等の円滑化に関する法律第55条第1項に規定する権利変換手続開始の登記

　二　マンションの建替え等の円滑化に関する法律第5条第1項に規定する組合が同法第15条第1項又は第64条第1項若しくは第3項の規定により取得する同法第2条第1項第6号に規定する施行マンションの同項第11号に規定する区分所有権又は同項第16号に規定する敷地利用権の取得の登記

　三　マンションの建替え等の円滑化に関する法律第74条第1項に規定する権利変換後の土地に関する権利（同法第17条に規定する参加組合員が取得するものを除く。）について必要な登記

2　（略）

（注：下線は筆者加筆）

第1章 マンション建替事業における登記手続

租特令

（マンション建替事業により取得する土地に関する権利のうち課税されるものの範囲等）
第42条の3 法第76条第1項に規定する政令で定めるマンション建替事業は，マンションの建替え等の円滑化に関する法律第2条第1項第7号に規定する施行再建マンションの住戸の規模及び構造が良好な居住環境の確保に資するものとして国土交通大臣が財務大臣と協議して定める基準に適合する場合における当該施行再建マンションに係る同項第4号に規定するマンション建替事業（次項及び第3項において「マンション建替事業」という。）とする。

2 マンション建替事業においてマンションの建替え等の円滑化に関する法律第11条第1項に規定する隣接施行敷地（次項において「隣接施行敷地」という。）を取得しない場合の法第76条第1項に規定する政令で定める部分は，同項に規定する施行再建マンションの区分所有権又は敷地利用権を与えられることとなるもの（次項において「登記を受ける者」という。）に係るマンションの建替え等の円滑化に関する法律第58条第1項第4号に掲げる施行再建マンションの敷地利用権の価額の概算額（次項において「施行再建マンション概算額」という。）から同条第1項第3号に掲げる施行マンションの敷地利用権の価額（次項において「施行マンション価額」という。）を控除した残額に対応する部分とする。

3 マンション建替事業において隣接施行敷地を取得する場合の法第76条第1項に規定する政令で定める部分は，次の各号に掲げる場合の区分に応じ当該各号に定める価額に対応する部分とする。

一 登記を受ける者に係る施行再建マンション概算額から隣接施行敷地持分価額（隣接施行敷地のマンションの建替え等の円滑化に関する法律第58条第1項第11号の価額及び減価額の合計額に同法第2条第1項第7号に規定する施行再建マンションの同項第16号に規定する敷地利用権に係る登記を受ける者の持分を乗じて得た価額をいう。次号において同じ。）を控除した残額（次号において「権利変換前価額」という。）が施行マンション価額以上となる場合　当該施行再建マンション概算額から当該施行マンション価額を控除した残額

二 登記を受ける者に係る権利変換前価額が施行マンション価額に満たない場合　当該登記を受ける者に係る隣接施行敷地持分価額

4 （略）

5 権利変換の登記（円滑化74条）

◎趣旨

　権利変換期日において生じた土地に関する権利の得喪及び変更について必要な登記を権利変換期日後遅滞なく施行者が申請すべきことを定める。この登記がなされる前に他の登記がなされると，権利変換の登記に支障が生じるため，権利変換期日以降は権利変換の登記がなされるまでの間は，他の登記をすることはできない。

◎解説

(1) 権利変換後の土地に関する権利について必要な登記（円滑化74条1項）

　　① 施行マンションが敷地権付区分建物である場合，区分建物表示変更登記（敷地権抹消）

　　② 施行再建マンションの敷地の所有権の移転の登記

　　③ 施行再建マンションの敷地の地上権又は賃借権の設定又は移転の登記

　　④ 保留敷地の所有権の移転の登記

　　⑤ 保留敷地の地上権又は賃借権の設定又は移転の登記

　　⑥ 施行マンションが敷地権の表示のない建物である場合，施行マンションの敷地利用権についての担保権等の抹消登記

　　⑦ 施行再建マンションの敷地利用権についての担保権等登記

(2) 円滑化74条登記の前提として，権利変換計画書の記載内容，作成基準，権利変換期日における効果について一通りの理解が必要である。

前提1　権利変換計画の内容

円滑化法

（権利変換計画の内容）

第58条　権利変換計画においては，国土交通省令で定めるところにより，次に掲げる事項を定めなければならない。

一　施行再建マンションの配置設計

二　施行マンションの区分所有権又は敷地利用権を有する者で，当該権利に対応して，施行再建マンションの区分所有権又は敷地利用権を与えられることとなるものの氏名又は名称及び住所

三　前号に掲げる者が施行マンションについて有する区分所有権又は敷地利用権及びその価額

四　第2号に掲げる者に前号に掲げる区分所有権又は敷地利用権に対応して与えられることとなる施行再建マンションの区分所有権又は敷地利用権の明細及びその価額の概算額

五　第3号に掲げる区分所有権又は敷地利用権について先取特権，質権若しくは抵当権の登

137

記，仮登記，買戻しの特約その他権利の消滅に関する事項の定めの登記又は処分の制限の登記（以下「担保権等の登記」と総称する。）に係る権利を有する者の氏名又は名称及び住所並びにその権利

六　前号に掲げる者が施行再建マンションの区分所有権又は敷地利用権の上に有することとなる権利

七　施行マンションについて借家権を有する者（その者が更に借家権を設定しているときは，その借家権の設定を受けた者）で，当該権利に対応して，施行再建マンションについて借家権を与えられることとなるものの氏名又は名称及び住所

> 〈改正（令和2年4月1日施行）〉
> 七　施行マンションについて賃借権を有する者（その者が更に賃借権を設定しているときは，その賃借権の設定を受けた者）又は施行マンションについて配偶者居住権を有する者から賃借権の設定を受けた者で，当該賃借権に対応して，施行再建マンションについて賃借権を与えられることとなるものの氏名又は名称及び住所

八　前号に掲げる者に借家権（改正（令和2年4月1日）後，「賃借権」）を与えられることとなる施行再建マンションの部分

> 〈改正（令和2年4月1日施行）〉
> 九　施行マンションについて配偶者居住権を有する者（その者が賃借権を設定している場合を除く。）で，当該配偶者居住権に対応して，施行再建マンションについて配偶者居住権を与えられることとなるものの氏名及び住所並びにその配偶者居住権の存続期間
> 十　前号に掲げる者に配偶者居住権が与えられることとなる施行再建マンションの部分

九　〈改正（令和2年4月1日）後，「11号」。9号から16号までを2号ずつ繰り下げる。〉
　　施行者が施行再建マンションの部分を賃貸する場合における標準家賃の概算額及び家賃以外の借家条件の概要

十　施行マンションに関する権利又はその敷地利用権を有する者で，この法律の規定により，権利変換期日において当該権利を失い，かつ，当該権利に対応して，施行再建マンションに関する権利又はその敷地利用権を与えられないものの氏名又は名称及び住所，失われる施行マンションに関する権利又はその敷地利用権並びにその価額

> ➡　主に次の二つの場合を想定している。
> ①権利変換を希望しない旨の申出をした場合（円滑化56条1項）
> ②借家権の取得を希望しない旨の申出をした場合（円滑化56条3項）

十一　隣接施行敷地の所有権又は借地権を有する者で，この法律の規定により，権利変換期日において当該権利を失い，又は当該権利の上に敷地利用権が設定されることとなるものの氏名又は名称及び住所，その権利並びにその価額又は減価額

> ➡　①隣接施行敷地の所有権が消滅し，施行再建マンションの敷地利用権（所有権）になる場合
> ②隣接施行敷地の借地権が消滅し，施行再建マンションの敷地利用権（借地権）になる場合
> ③隣接施行敷地の所有権の上に敷地利用権（借地権）が設定される場合

5　権利変換の登記（円滑化74条）

十二　組合の参加組合員に与えられることとなる施行再建マンションの区分所有権及び敷地
　　利用権の明細並びにその参加組合員の氏名又は名称及び住所

十三　第4号及び前号に掲げるもののほか，施行再建マンションの区分所有権又は敷地利用
　　権の明細，その帰属及びその処分の方法

> ➡ 施行再建マンションの区分所有権及び敷地利用権は，施行再建マンションの区分所有
> 権及び参加組合員に与えられるのが原則であるが（円滑化60条1項），施行マンショ
> ンの区分所有者が権利変換を希望しない旨の申出（円滑化56条1項）をした場合に
> は，その区分所有者には施行再建マンションの区分所有権及び敷地利用権は与えられ
> ず，その権利は施行者に帰属することになる（円滑化60条3項）。施行者が取得する
> こととなるいわゆる「保留床」である。
> 　施行者はこれを処分して事業費に充当することになる。
> 　関係権利者に優先譲渡が決まっている場合，優先譲渡床としてその譲受人の氏名を
> 処分の方法として記載するケースが多い。

十四　施行マンションの敷地であった土地で施行再建マンションの敷地とならない土地（以
　　下「保留敷地」という。）の所有権又は借地権の明細，その帰属及びその処分の方法

> ➡ 保留敷地は権利変換によりその敷地利用権が施行者に帰属する（円滑化70条3項）。
> 施行者はこれを処分して事業費に充当することになる。

十五　補償金の支払又は清算金の徴収に係る利子又はその決定方法

十六　権利変換期日，施行マンションの明渡しの予定時期及び工事完了の予定時期

> ➡ 期日となっているが，便宜上「権利変換計画の認可を受けた日から○○日を経過した
> 日」というように定めることができる。

十七　その他国土交通省令で定める事項

2　施行マンションに関する権利若しくはその敷地利用権又は隣接施行敷地の所有権若しくは
　借地権に関して争いがある場合において，その権利の存否又は帰属が確定しないときは，<u>当
　該権利が存するものとして</u>，又は当該権利が現在の名義人（当該名義人に対して第15条第1
　項（第34条第4項において準用する場合を含む。）若しくは第64条第1項（第66条におい
　て準用する場合を含む。）又は区分所有法第63条第4項（区分所有法第70条第4項におい
　て準用する場合を含む。）の規定による請求があった場合においては，<u>当該請求をした者）</u>
　に属するものとして権利変換計画を定めなければならない。

3　区分所有法第63条第5項（第15条第3項（第34条第4項において準用する場合を含
　む。）において準用する場合を含む。）又は区分所有法第70条第4項において準用する区分
　所有法第63条第5項（第15条第3項（第34条第4項において準用する場合を含む。）にお
　いて準用する場合を含む。）の規定により，裁判所から建物の明渡しにつき相当の期限を許
　与された区分所有者がいるときは，第1項第16号（改正（令和2年4月1日施行）後，「18
　号」）の施行マンションの明渡しの予定時期は，当該期限の日以降となるように定めなけれ
　ばならない。

　（編注）　改正は平成30年7月13日民法及び家事事件手続法の一部を改正する法律（法律第72号）による。

（権利変換を希望しない旨の申出等）

第56条　第14条第1項の公告又は個人施行者の施行の認可の公告があったときは，施行マン

139

ションの区分所有権又は敷地利用権を有する者は，その公告があった日から起算して30日以内に，施行者に対し，第70条第1項及び第71条第2項の規定による権利の変換を希望せず，自己の有する区分所有権又は敷地利用権に代えて金銭の給付を希望する旨を申し出ることができる。

2　前項の区分所有権又は敷地利用権について仮登記上の権利，買戻しの特約その他権利の消滅に関する事項の定めの登記若しくは処分の制限の登記があるとき，又は同項の未登記の借地権の存否若しくは帰属について争いがあるときは，それらの権利者又は争いの相手方の同意を得なければ，同項の規定による金銭の給付の希望を申し出ることができない。

3　施行マンションについて借家権を有する者（その者が更に借家権を設定しているときは，その借家権の設定を受けた者）は，第1項の期間内に施行者に対し，第71条第3項の規定による借家権の取得を希望しない旨を申し出ることができる。

（注）下線及び➡箇所は著者加筆

前提2　権利変換計画書の作成基準

円滑化法

（区分所有権及び敷地利用権等）

第60条　権利変換計画においては，第56条第1項の申出をした者を除き，施行マンションの区分所有権又は敷地利用権を有する者に対しては，施行再建マンションの区分所有権又は敷地利用権が与えられるように定めなければならない。組合の定款により施行再建マンションの区分所有権及び敷地利用権が与えられるように定められた参加組合員に対しても，同様とする。

2　前項前段に規定する者に対して与えられる施行再建マンションの区分所有権又は敷地利用権は，それらの者が有する施行マンションの専有部分の位置，床面積，環境，利用状況等又はその敷地利用権の地積若しくはその割合等とそれらの者に与えられる施行再建マンションの専有部分の位置，床面積，環境等又はその敷地利用権の地積若しくはその割合等を総合的に勘案して，それらの者の相互間の衡平を害しないように定めなければならない。

3　権利変換計画においては，第1項の規定により与えられるように定められるもの以外の施行再建マンションの区分所有権及び敷地利用権並びに保留敷地の所有権又は借地権は，施行者に帰属するように定めなければならない。

➡　施行者に帰属する場合
①権利変換を希望しない旨の申出（円滑化56条1項）がなされた場合
②建替組合が売渡請求をした場合（円滑化15条）
③保留敷地の定めがある場合（円滑化58条1項14号）

4　権利変換計画においては，第56条第3項の申出をした者を除き，施行マンションの区分所有者から施行マンションについて借家権の設定を受けている者（その者が更に借家権を設定しているときは，その借家権の設定を受けている者）に対しては，第1項の規定により当該施行マンションの区分所有者に与えられることとなる施行再建マンションの部分について，

借家権が与えられるように定めなければならない。ただし，施行マンションの区分所有者が第56条第1項の申出をしたときは，前項の規定により施行者に帰属することとなる施行再建マンションの部分について，借家権が与えられるように定めなければならない。

〈改正（令和2年4月1日施行）〉

4　権利変換計画においては，第56条第3項の申出をした者を除き，施行マンションの区分所有者から<u>当該施行マンションについて賃借権の設定を受けている者</u>（その者が更に借家権を設定しているときは，その借家権の設定を受けている者）に対しては，第1項の規定により当該施行マンションの区分所有者に与えられることとなる施行再建マンションの部分について，借家権が与えられるように定めなければならない。ただし，施行マンションの区分所有者が第56条第1項の申出をしたときは，前項の規定により施行者に帰属することとなる施行再建マンションの部分について，借家権が与えられるように定めなければならない。

〈改正後，5項，6項追加〉

〈改正（令和2年4月1日施行）〉

5　権利変換計画においては，第五十六条第三項の申出をした者を除き，施行マンションについて配偶者居住権の設定を受けている者（その者が賃借権を設定している場合を除く。）に対しては，第一項の規定により当該施行マンションの区分所有者に与えられることとなる施行再建マンションの部分について，配偶者居住権が与えられるように定めなければならない。ただし，施行マンションの区分所有者が同条第一項の申出をしたときは，第三項の規定により施行者に帰属することとなる施行再建マンションの部分について，配偶者居住権が与えられるように定めなければならない。

6　前項の場合においては，権利変換計画は，施行マンションについて配偶者居住権の設定を受けている者に対し与えられることとなる施行再建マンションの部分についての配偶者居住権の存続期間が当該施行マンションの配偶者居住権の存続期間と同一の期間となるように定めなければならない。

（担保権等の登記に係る権利）

第61条　施行マンションの区分所有権又は敷地利用権について担保権等の登記に係る権利が存するときは，権利変換計画においては，当該担保権等の登記に係る権利は，その権利の目的たる施行マンションの区分所有権又は敷地利用権に対応して与えられるものとして定められた施行再建マンションの区分所有権又は敷地利用権の上に存するものとして定めなければならない。

2　前項の場合において，関係権利者間の利害の衡平を図るため必要があるときは，施行者は，当該存するものとして定められる権利につき，これらの者の意見を聴いて，必要な定めをすることができる。

（注）下線及び➡箇所は著者加筆

第1章　マンション建替事業における登記手続

前提3　権利変換期日における効果

円滑化法

（権利変換期日等の通知）

第69条　施行者は，権利変換計画若しくはその変更（権利変換期日に係るものに限る。以下この条において同じ。）の認可を受けたとき，又は第66条の国土交通省令で定める軽微な変更をしたときは，遅滞なく，国土交通省令で定めるところにより，施行マンションの所在地の登記所に，権利変換期日その他国土交通省令で定める事項を通知しなければならない。

> ➡　権利変換期日以後は，権利変換の登記がなされるまでの間，他の登記をすることができないため，登記所に権利変換期日を知らしめる趣旨である。

（敷地に関する権利の変換等）

第70条　権利変換期日において，権利変換計画の定めるところに従い，施行マンションの敷地利用権は失われ，施行再建マンションの敷地利用権は新たに当該敷地利用権を与えられるべき者が取得する。

2　権利変換期日において，権利変換計画の定めるところに従い，隣接施行敷地の所有権又は借地権は，失われ，又はその上に施行再建マンションの敷地利用権が設定される。

3　権利変換期日において，権利変換計画の定めるところに従い，保留敷地に関しては，当該保留敷地についての従前の施行マンションの敷地利用権が所有権であるときはその所有権を，借地権であるときはその借地権を，施行者が取得する。

4　施行マンションの敷地及び隣接施行敷地に関する権利で前三項及び第73条の規定により権利が変換されることのないものは，権利変換期日以後においても，なお従前の土地に存する。この場合において，権利変換期日前において，これらの権利のうち地役権又は地上権の登記に係る権利が存していた敷地利用権が担保権等の登記に係る権利の目的となっていたときは，権利変換期日以後においても，当該地役権又は地上権の登記に係る権利と当該担保権等の登記に係る権利との順位は，変わらないものとする。

（施行マンションに関する権利の変換）

第71条　権利変換期日において，施行マンションは，施行者に帰属し，施行マンションを目的とする区分所有権以外の権利は，この法律に別段の定めがあるものを除き，消滅する。

（注）下線及び➡箇所は著者加筆

（3）登記手続の詳細について

1 **施行マンションが敷地権付区分建物である場合の区分建物表示変更登記**（敷地権抹消）

➡ 施行マンションが敷地権付区分建物の場合は，「区分建物表示変更登記（敷地権抹消登記）」を円滑化法74条登記の前件で申請する（円滑不動産令5条4項）。

◎**理由**

　権利変換期日において，施行マンションは施行者に帰属し（円滑化71条1項），施行マンションの敷地利用権は失われ，施行再建マンションの敷地利用権は，施行再建マンションの敷地利用権を与えられるべき者に帰属する（円滑化70条1項）。つまり，区分建物の所有者と敷地利用権の権利者が法律上異なることになるため，権利変換期日に分離処分の禁止の規定の適用が排除されるため，74条登記の前提として敷地権化を解いておく必要がある。

第 1 章　マンション建替事業における登記手続

〈例 19　登記申請書（区分建物表示変更登記）〉

登 記 申 請 書

登記の目的　　区分建物表示変更登記（敷地権抹消）

添 付 書 類　　権利変換計画書　　同認可書　　会社法人等番号

　　　　　　　代理権限証書

令和○○年○月○日申請　　　○○法務局○○支局

申 　請 　人　　東京都○○市○○町○丁目○番○号

　　　　　　　○○○○○○○○○○○マンション建替組合

　　　　　　　　　理事長　○○　○○○

代 　理 　人　　東京都○○区○○一丁目 1 番 1 号

　　　　　　　土地家屋調査士法人○○事務所

　　　　　　　（会社法人等番号　0100 - 05 -○○○○○○）

　　　　　　　　　代表社員　○　○　○　○　　　　　印

　　　　　　　　　電話番号　03 -○○○○ -○○○○

一棟の建物の表示	所　　在	○○市○○町○丁目○番地○，　○番地○，　○番地○，　○番地○				
	建物の名称	○○○○○○○ハイツ				
	①構　　造	②　床　　面　　積 m²			m²	原因及びその日付
	鉄筋コンクリート造スレートぶき渡廊下付地下 1 階付 4 階建	1 階　　　1126 : 53 2 階　　　1095 : 14 3 階　　　 679 : 00 4 階　　　 374 : 24 地下 1 階　　49 : 58				
敷地権の目的である土地の表示	①土地の符号	②所在及び地番	③地目	④　地　積 m²		原因及びその日付
	1	○○市○○町○丁目○番 4	宅地	489 : 14		
	2	○○市○○町○丁目○番 3	宅地	830 : 55		
	3	○○市○○町○丁目○番 2	宅地	449 : 20		
	4	○○市○○町○丁目○番 1	宅地	257 : 54		

5 権利変換の登記（円滑化74条）

	不動産番号	家屋番号	建物の名称	主たる建物又は附属建物	①種類	②構造	③床面積 m²	原因及びその日付
専有部分の建物の表示		○○町○丁目○番○の1	E202号		居宅	鉄筋コンクリート造1階建	1階部分 52:53	

	①土地の符号	②敷地権の種類	③敷地権の割合	原因及びその日付（※1）
敷地権の表示	1	所有権	1万分の184	令和○○年○月19日非敷地権※
	2	所有権	1万分の184	令和○○年○月19日非敷地権
	3	所有権	1万分の184	令和○○年○月19日非敷地権
	4	所有権	1万分の184	令和○○年○月19日非敷地権

土地家屋調査士法人○○事務所
代表社員　○○○○　㊞

※　登記原因日付は権利変換期日となる。

② 施行再建マンションの敷地の所有権の移転の登記

③ 施行再建マンションの敷地の地上権又は賃借権の設定又は移転の登記

➡　権利変換期日の前後で，敷地利用権の種類は必ずしも同一である必要はない。

第4編　マンション建替え等の円滑化法による登記

第 1 章 マンション建替事業における登記手続

〈従前の敷地利用権と権利変換後の敷地利用権の種類が変わらない場合〉

従前の敷地利用権	権利変換後の敷地利用権	なすべき登記
所有権	所有権	所有権移転登記
地上権	地上権	地上権移転登記
賃借権	賃借権	賃借権移転登記

〈従前の敷地利用権と権利変換後の敷地利用権の種類が変わる場合〉

従前の敷地利用権	権利変換後の敷地利用権	なすべき登記
地上権	賃借権	①地上権抹消登記 ②賃借権設定登記
賃借権	地上権	①賃借権抹消登記 ②地上権設定登記

〈例 20　登記申請書（円滑化法 74 条 1 項の規定による登記の申請)〉

登 記 申 請 書

マンションの建替え等の円滑化に関する法律第 74 条第 1 項の規定による登記の申請

添 付 書 類　　権利変換計画書[※1]　同認可書　　　　　　会社法人等番号

　　　　　　　代理権限証書　　非課税証明書[※2]　　　価格証明書

登録免許税　　金 103 万 8300 円

　　　　　　　租税特別措置法第 76 条第 1 項第 3 号[※3]

令和○○年○月 1 日申請　　○○法務局○○支局

申　請　人　　東京都○○市○○町○丁目○番○号

　　　　　　　○○○○マンション建替組合

　　　　　　　　　理事長　　○○　　○○○

代　理　人　　東京都○○区○○一丁目 1 番 1 号

　　　　　　　司法書士法人○○事務所

　　　　　　　代表社員　　○　○　○　○　　　　㊞

　　　　　　　（電話番号　03 - 3815 - ○○○○）

- -

登記の目的　　共有者全員持分全部移転

原　　　因　　令和○○年○月 19 日マンションの建替え等の円滑化に関する法律による権利変換

権　利　者　　後記「所有権権利者の表示」のとおり

義　務　者　　後記「所有権義務者の表示」のとおり

課 税 価 格　　金 51,915,000 円

146

登録免許税　　金 1,038,300 円

不動産の表示　　別紙「不動産の表示」のとおり

〈所有権権利者の表示〉
東京都○○市○○町○丁目○番地の○
持分　779217 分の 7210
○○　○○

東京都○○市○○町○丁目○番地の○
持分　30389463 分の 209090
○○　○○

東京都○○市○○町○丁目○番地の○
持分　30389463 分の 72100
○　○○

東京都○○市○○町○丁目○番地の○
持分　1558434 分の 8002
○○　○○

東京都○○市○○町○丁目○番地の○
持分　1558434 分の 8002
○○　○○○

東京都○○市○○町二丁目○番地の○　○○
持分　779217 分の 6387
○○　○○

東京都○○市○○町二丁目 6 番地の○　○○
持分　779217 分の 5377
○○　○○

東京都○○市○○町○丁目○番地の○
持分　779217 分の 7210
○○　○○

東京都○○市○○○○番地○○
持分　2337651 分の 10754
○○　○○

東京都○○市○○町二丁目 6 番地の 4 ○○
持分　779217 分の 5377
○○　○○ (あ)[※4]

東京都○○市○○町二丁目 6 番地の 4 ○○
持分　7792170 分の 72792
○○　○○（い）

東京都○○市○○町二丁目 6 番 4 号
持分　779217 分の 6387
○○○○○○○○○マンション建替組合（あ）[5]
理事長　○○　○○

東京都○○市○○町二丁目 6 番 4 号
持分　779217 分の 6497
○○○○○○○○○マンション建替組合（い）[6]
理事長　○○　○○

東京都○○区○○○一丁目 26 番 2 号
持分　779217 分の 456248
○○○○○株式会社[7]
代表取締役　○○　○○

〈所有権義務者の表示〉
東京都○○市○○町二丁目 20 番地の 11
○○　○○

東京都○○市○○一丁目 21 番地の 2
○○　○○

東京都○○市○○一丁目 21 番地の 2
○　○○

東京都○○市○○町二丁目 25 番地 14
○○　○○

東京都○○市○○町二丁目 25 番地 14
○○　○○○

東京都○○市○○町二丁目 6 番地の 4 ○○
○○　○○

東京都○○市○○町二丁目 6 番地の 4 ○○
○○　○○

東京都○○市○○町一丁目 12 番地の 17
○○　○○

東京都○○市○○町二丁目7番地の1
○○　○○

> 売渡請求を受けた組合員

東京都○○市○○一丁目26番地1
○○　○○[※8]

> 権利変換を受けない旨の申出をした組合員

登記の目的　　○○○○持分抵当権設定

権利変換前の登記の申請書の受付年月日及び受付番号

　　　　　　　令和○○年○○月○○日受付第○○○○号

原　　　　因　令和○○年○○月1日保証委託契約に基づく求償債権

　　　　　　　令和○○年○○月26日設定

　　　　　　　（令和○○年○月19日マンションの建替え等の円滑化に関する法律による権利変換）

債　権　額　　金1,480万円

損　害　金　　年14％（年365日の日割計算）

連帯債務者　　○○市○○町二丁目6番地の4○○　○○○○

連帯債務者　　○○市○○町二丁目6番地の4○○　○○○○

抵当権者　　　東京都○○市○○二丁目38番5号　○○保証株式会社

設　定　者　　東京都○○市○○町二丁目6番地の4○○　○○○○

共同担保　　　目録（わ）第○○○○号

登録免許税　　租税特別措置法第76条第1項3号による非課税

不動産の表示　別紙「不動産の表示」のとおり

登記の目的　　○○○○持分根抵当権設定

権利変換前の登記の申請書の受付年月日及び受付番号

　　　　　　　平成○○年○月27日受付第○○○○号

原　　　　因　平成○○年○月25日設定

　　　　　　　（令和○○年○月19日マンションの建替え等の円滑化に関する法律による権利変換）

極　度　額　　金900万円

債権の範囲　　金銭消費貸借取引　保証取引　保証委託取引

債　務　者　　○○市○○町二丁目7番地の1

根抵当権者　　○○区○○○一丁目9番3号

　　　　　　　○○○○○○

　　　　　　　　（取扱店　　○○支店）

設　定　者　　東京都○○市○○町二丁目 6 番 4 号

　　　　　　　○○マンション建替組合

共 同 担 保　　目録（ぬ）第○○○○号

登録免許税　　租税特別措置法第 76 条第 1 項 3 号による非課税

不動産の表示　別紙「不動産の表示」のとおり

登記の目的　　根抵当権変更※9

権利変換前の登記の申請書の受付年月日及び受付番号

　　　　　　　平成○○年○○月 26 日受付第○○○○○号

原　　　因　　平成○○年○○月 26 日変更

　　　　　　　（令和○○年○月 19 日マンションの建替え等の円滑化に関する法律による権利変換）

変更後の事項　極度額　金 1500 万円

権　利　者　　○○○区○○○一丁目 9 番 3 号

　　　　　　　○○○○○○

義　務　者　　東京都○○市○○町二丁目 6 番 4 号

　　　　　　　○○マンション建替組合

登録免許税　　租税特別措置法第 76 条第 1 項 3 号による非課税

不動産の表示　別紙「不動産の表示」のとおり

登記の目的　　根抵当権一部移転

権利変換前の登記の申請書の受付年月日及び受付番号

　　　　　　　令和○年○月 26 日受付第○○○○○号

原　　　因　　令和○年○月 22 日一部譲渡

　　　　　　　（令和○○年○月 19 日マンションの建替え等の円滑化に関する法律による権利変換）

根抵当権者　　○区○○一丁目 9 番 13 号

　　　　　　　○○○○金融公庫

　　　　　　　（取扱店　国民金融公庫○○支店）

登録免許税　　租税特別措置法第 76 条第 1 項 3 号による非課税

不動産の表示　別紙「不動産の表示」のとおり

登記の目的　　根抵当権者環境衛生金融公庫の権利移転

5　権利変換の登記（円滑化 74 条）

権利変換前の登記の申請書の受付年月日及び受付番号

　　　　　　令和○○年○○月 16 日受付第○○○○○号

原　　　因　　令和○○年○○月 1 日国民金融公庫法の一部を改正する法律附則第 3 条

　　　　　　第 1 項による承継

　　　　　　（令和○○年○月 19 日マンションの建替え等の円滑化に関する法律によ

　　　　　　る権利変換）

根抵当権者　　○○区○○○一丁目 9 番 3 号

　　　　　　○○○○○○○○

　　　　　　（取扱店　○○支店）

登録免許税　　租税特別措置法第 76 条第 1 項 3 号による非課税

不動産の表示　別紙「不動産の表示」のとおり

〈不動産の表示〉[10]

所　　　在　　○○市○○町二丁目

地　　　番　　6 番 1

地　　　目　　宅地

地　　　積　　257.54m^2

実務の視点

※ 1　厳密には権利変換計画書の原本は役所に提出済みのため預かることはできない。そのため，権利変換計画書一式に表紙を 1 枚つけて，表紙に「本紙は権利変換計画書の原本に相違ない」旨を奥書し，建替組合の理事長印で契印するケースが多い。

※ 2　非課税証明書の取得は建替組合から委任状を取得し，司法書士による代行取得が可能な自治体が多い。申請に当たり提出する申請書様式，添付書類，発行までの期間，手数料等につき事前に担当者と打合せを要する。なお，隣接施行敷地がある場合の登録免許税の計算方法については租税特別措置法施行令 42 条の 3 第 3 項に注意する。

※ 3　登録免許税については，組合員取得分については，原則非課税（租特 76 条 1 項 3 号，ただし，現状 2020 年 3 月 31 日までの時限措置）。参加組合員取得分については課税。税率は移転登記の区分に応じ，「その他の原因」によるものとして 1000 分の 20 とされる（登録免許税法別表1 −（2）ハ）。

実務の視点

※ 4　同一組合員が 2 戸以上の施行再建マンションを取得する場合，取得する再建マンションごとに権利者として記載を要する。（あ）何某，（い）何某

※ 5　売渡請求をした建替組合も権利者として記載を要する（円滑化 58 条 2 項）。

※ 6　円滑化 58 条 1 項 13 号に規定される，いわゆる優先譲渡床については建替組合を権利者として登記する（通常この時点で建替組合は譲渡金を受け取っておらず，取得予定者名義で登記

151

第1章　マンション建替事業における登記手続

することは事実上できない。)。

※7　権利者の表示として，参加組合員の記載を要する。持分は参加組合員保留床の<u>合計</u>を記載。

　　　なお，登記権利者の住所証明書の提供は要しないが，この記載は，権利変換計画書に記載されている住所氏名と一致している必要がある。

　　　一方，登記義務者の印鑑証明書の提供は要しないが，この記載は，登記記録上の名義人の表示と一致している必要がある。

※8　円滑化56条により権利変換を受けない旨の申出をした者は義務者として記載を要する。

実務の視点

※9　現に効力のある事項のみの移行ではなく，合併移転前の抵当権設定登記や抵当権変更登記もすべて移行担保として申請する。登録免許税は非課税（租特76条第1項第2号。82条登記時の移行担保権の登記は課税となることと対比）。

　　　従前の登記内容（債権額，債務者，利息，損害金など）と権利変換計画書の記載が一致している必要あり，権利変換計画書と登記記録の突き合わせ作業が必要となる。

※10　円滑不動産令5条のとおり，権利変換の登記は土地ごとに申請する。したがって，2筆以上あれば，同内容の登記を<u>土地ごとに</u>申請することを要する。

〈例21　登記申請書（敷地利用権が権利変換前は賃借権で権利変換後に地上権となる場合）〉

登記の目的	○○番賃借権抹消
原　　　因	令和○○年○月○日マンションの建替え等の円滑化に関する法律による権利変換
権　利　者	後記のとおり
義　務　者	後記のとおり
登録免許税	金○円
不動産の表示	後記のとおり

登記の目的	地上権設定
原　　　因	令和○○年○月○日マンションの建替え等の円滑化に関する法律による権利変換
目　　　的	建物所有
存続期間	70年
地　　　代	1平方メートル，1年○円
支　払　期	毎年○月○日
権　利　者	後記のとおり
義　務　者	後記のとおり

152

5 権利変換の登記（円滑化74条）

課 税 価 格　　　金○円

登録免許税　　　金○円

不動産の表示　　後記のとおり

〈例22　登記申請書（敷地利用権が権利変換前は地上権で権利変換後に賃借権となる場合）〉

登記の目的　　　○○番地上権抹消

原　　　因　　　令和○○年○月○日マンションの建替え等の円滑化に関する法律による

　　　　　　　　権利変換

権　利　者　　　後記のとおり

義　務　者　　　後記のとおり

登録免許税　　　金○円

不動産の表示　　後記のとおり

登記の目的　　　賃借権設定

原　　　因　　　令和○○年○月○日マンションの建替え等の円滑化に関する法律による

　　　　　　　　権利変換

目　　　的　　　建物所有

賃　　　料　　　1平方メートル，1月○円

支　払　期　　　毎月末日

存 続 期 間　　　令和○○年○月○日から○年

権　利　者　　　後記のとおり

義　務　者　　　後記のとおり

課税価格　　　　金○円

登録免許税　　　金○円

不動産の表示　　後記のとおり

第4編　マンション建替え等の円滑化法による登記

153

第 1 章　マンション建替事業における登記手続

〈例 23　敷地利用権が権利変換前も権利変換後も地上権である場合（地上権の移転登記)〉

登記の目的	地上権移転
原　　因	令和〇〇年〇月〇日マンションの建替え等の円滑化に関する法律による権利変換
権 利 者	後記のとおり
義 務 者	後記のとおり
課 税 価 格	金〇円
登録免許税	金〇円
不動産の表示	後記のとおり

〈例 24　敷地利用権が権利変換前も権利変換後も賃借権である場合（賃借権の移転登記)〉

登記の目的	賃借権移転
原　　因	令和〇〇年〇月〇日マンションの建替え等の円滑化に関する法律による権利変換
権 利 者	後記のとおり
義 務 者	後記のとおり
課 税 価 格	金〇円
登録免許税	金〇円
不動産の表示	後記のとおり

④ 保留敷地の所有権の移転の登記

⑤ 保留敷地の地上権又は賃借権の設定又は移転の登記

➡　権利変換期日において，権利変換計画の定めるところに従い，<u>保留敷地に関しては</u>，当該保留敷地についての従前の施行マンションの敷地利用権が所有権であるときはその所有権を，借地権であるときはその借地権を，<u>施行者が取得する（円滑化 70 条 3 項)。</u>

※　登記の目的，原因，申請人の表示は権利変換の登記と同様。登録免許税については租特 76 条 1 項 2 号により非課税。

⑥ 施行マンションが敷地権の表示のない建物である場合，施行マンションの敷地利用権についての担保権等の抹消登記

➡　権利変換の前後において担保権等の登記（円滑化 58 条 1 項 5 号）に係る権利と担保

154

権等登記に係る権利とは，それぞれの権利が目的とする権利を異にすることから，登記手続上は，担保権等の登記に係る権利の登記を一旦抹消し，権利変換の登記により施行再建マンションの敷地利用権として登記された権利について改めて担保権等登記をすることになる。

例

施行マンションの敷地の所有権の100分の1の持分につき抵当権が設定されていたが，権利変換計画において，当該抵当権が同一の土地を利用した施行再建マンションの敷地の所有権の120分の1の持分の上に存するものとされた場合，その抵当権の移行を登記するには，抵当権の目的となる敷地利用権が異なるので，登記手続上，①施行マンションの敷地所有権の100分の1の持分に対する抵当権の登記を抹消し，②権利変換による所有権の移転の登記により登記された施行再建マンションの敷地所有権の120分の1について新たな抵当権の設定の登記をすることになる。

〈例25 抵当権抹消〉

登記の目的	○番，○番……抵当権抹消
原　　因	令和○年○月○日マンションの建替え等の円滑化に関する法律による権利変換
権　利　者	後記のとおり
義　務　者	後記のとおり
登録免許税	金○円　（不動産1個につき金1000円）
不動産の表示	後記のとおり

（複数の抵当権等の登記の抹消をする場合の例）

順位番号	登記の目的	義務者 [※]
甲区○番	差押抹消	○○市○○町○丁目○番○号　何某
乙区○番	抵当権抹消	○○市○○町○丁目○番○号　何某
乙区○番	根抵当権抹消	○○市○○町○丁目○番○号　何某

※　権利変換前の担保権等の登記が申請された際の受付年月日および番号を記載した場合は，これらの記載を要しない。

第1章 マンション建替事業における登記手続

7 施行再建マンションの敷地利用権についての担保権等登記

> ### 円滑不動産令
>
> **(担保権等登記の登記原因)**
>
> **第8条** 担保権等登記においては，登記原因及びその日付として，権利変換前の法第73条に規定する担保権等の登記の登記原因及びその日付（当該登記の申請の受付の年月日及び受付番号を含む。次項において同じ。）並びに法による権利変換があった旨及びその日付を登記事項とする。
>
> 2 （略）

◎趣旨

➡ 施行マンションの区分所有権等に設定されていた担保権等を権利変換により移行したという経緯を明らかにするためである。

8 区分建物滅失登記

> ### 円滑不動産令
>
> **(施行マンションの滅失の登記の申請)**
>
> **第6条** マンション建替事業を施行する者は，施行マンションが滅失したときは，遅滞なく，その滅失の登記を申請しなければならない。
>
> 2 前項の登記の申請をする場合には，権利変換計画及びその認可を証する情報をその申請情報と併せて登記所に提供しなければならない。

◎解説

　権利変換期日に施行マンションの所有権は施行者に帰属する（円滑化71条1項）。一方，建物の滅失登記は，建物の表題部の所有者又は所有権の登記名義人に申請義務が課せられている（不登57条）。しかし，施行マンションの表題部の所有者又は所有権の登記名義人からの申請を待っていては，円滑な事業の遂行が期待できない。また，滅失登記をするためだけに施行者への所有権移転登記を強いるのは相当ではない。そこで，施行マンションについては，施行者への所有権移転登記をしないことを前提に，施行マンションを取り壊したときは，施行マンションの区分所有権の登記名義人ではないが，実体上の所有者である施行者によって区分建物滅失登記が可能となる。

5　権利変換の登記（円滑化 74 条）

〈例 26　登記申請書（区分建物滅失登記）〉

登 記 申 請 書

登記の目的　　区分建物滅失登記

登記原因及びその日付　令和○年○月○日取壊し

添 付 書 類　　権利変換計画書　　　権利変換認可書　　　代理権限証書

　　　　　　　　建物滅失証明書　　　調査報告書　　　　会社法人等番号

令和○○年○月○日申請　　　○○法務局○○支局

申　請　人　　○○市○○町○丁目○番○号

　　　　　　　○○○○マンション建替組合

　　　　　　　　　理事長　　○○　　○○

代　理　人　　東京都○○区○○一丁目 1 番 1 号

　　　　　　　土地家屋調査士法人○○事務所

　　　　　　　（会社法人等番号　0100 - 05 - ○○○○○○）

　　　　　　　　　代表社員　○　○　○　○

　　　　　　　　　電話番号　03 - 3815 - ○○○○

不動産の表示

一棟の建物の表示

　　　所　　　在　　○○市○○町○丁目○番地 3，○番地 1，○番地 2，○番地 4

　　　建物の名称　　○○○○○○○

　　　構　　　造　　鉄筋コンクリート造スレートぶき渡廊下付地下 1 階付 4 階建

　　　床　面　積　　　　1 階　1126.53m²

　　　　　　　　　　　　2 階　1095.14m²

　　　　　　　　　　　　3 階　　679.00m²

　　　　　　　　　　　　4 階　　374.24m²

　　　　　　　　　　地下 1 階　　49.58m²

1　専有部分の建物の表示

　　　家 屋 番 号　　○○町○丁目○番○の 1

　　　建物の名称　　○○○○号

　　　種　　　類　　居宅

　　　構　　　造　　鉄筋コンクリート造 1 階建

　　　床　面　積　　1 階部分　　52.53m²

※以下，全ての専有部分を記載する

第 4 編　マンション建替え等の円滑化法による登記

157

第1章 マンション建替事業における登記手続

9 権利変換計画の変更による所有権更正登記

◎解説

(1) 建替事業の過程で，設計変更により再建マンションの床面積が変更することがある。これにより権利変換計画書記載の敷地権利用権の割合が変更となり，権利変換の登記により登記した土地持分を変更する登記が必要になる（登研674号209頁参照。再開発の事例であるが，マンション建替えの場合も考え方は同じ。）。

(2) 権利変換の登記と同様，建替組合による単独申請が可能。

(3) 原因日付は，変更認可の日。

(4) 権利変換の登記後，組合員が第三者に持分を売買などで移転登記が完了している場合でも，更正登記は可能。箱ごとに順次更正登記を申請する。

〈例27 登記記録〉

順位番号	登記の目的	権利者
甲区1番	共有者全員持分全部移転	令和○○年○月19日マンションの建替え等の円滑化に関する法律による権利変換 東京都○○市○○町○丁目○番○号 1000000分の7284　　甲 埼玉県○○市○○町○丁目○番○号 1000000分の6982　　乙 千葉県○○市○○町○丁目○番○号 1000000分の8024　　丙
甲区1番 付記1号	1番所有権更正	令和○○年○月1日マンションの建替え等の円滑化に関する法律による権利変換計画の変更 甲持分1000000分の7390 乙持分1000000分の6532 丙持分1000000分の8599
甲区2番	丙持分全部移転	令和○○年○月1日売買 神奈川県○○市○○町二丁目○番○号 1000000分の8024　　戊
甲区2番 付記1号	2番所有権更正	戊持分1000000分の8599

5 権利変換の登記（円滑化 74 条）

〈例 28 登記申請書（円滑化法による権利変換計画の変更）〉

登 記 申 請 書

登記の目的　　所有権更正

原　　　因　　令和○○年○月○日マンションの建替え等の円滑化に関する法律による

　　　　　　　権利変換計画の変更

更正すべき事項　令和○○年○月○日受付第○○○号

更正後の事項

　　　　　　　甲持分 1000000 分の 7390

　　　　　　　乙持分 1000000 分の 6532

　　　　　　　丙持分 1000000 分の 8599

申　請　人　　○○市○○町○丁目○番○号

　　　　　　　○○○○マンション建替組合

　　　　　　　　理事長　○○　○○

添 付 書 類　　登記原因証明情報（権利変換計画変更計画書）

　　　　　　　権利変換計画変更認可書

　　　　　　　資格証明情報　　　　代理権限情報　　　　会社法人等番号

令和○○年○月○日申請　○○法務局○○支局

代　理　人　　東京都○○区○○一丁目 1 番 1 号

　　　　　　　司法書士法人○○事務所

　　　　　　　代表社員　○○　○○

　　　　　　　（会社法人等番号 0100 − 05 − ○○○○○○）

　　　　　　　（電話番号　03 − 3815 − ○○○○）

登録免許税　　金 1,000 円

第 4 編　マンション建替え等の円滑化法による登記

159

第1章 マンション建替事業における登記手続

[10] （円滑化82条登記前の）住所変更登記

💡 実務上のポイント

　権利変換期日以降は施行マンションが取壊しとなり，仮住まいや実家に住所を移す組合員が多く，権利変換の登記をした際の住所と円滑化法82条登記直前の住所は変わっている場合が多い。通常，施行再建マンションは敷地権付マンションとなるところ，組合員の権利変換登記時の土地の住所と円滑化法82条登記の際の建物所有権保存登記の住所が相違している場合は，一体化（＝敷地権化）の要件を満たさないことになる。そのため，住所変更対象者については建替組合の代位で住所変更登記を申請することになる。

（注）施行再建マンションの所有権保存登記の際には，登録免許税は原則どおり課税となるが，自己居住用で施行再建マンションを取得する組合員は，いわゆる住宅用家屋証明書による登録免許税の軽減措置を受けることができる。当該軽減措置を受けるためには，現住所の住民票と現居の処分方法等の疎明資料を役所に提出しなければならない。
　　　したがって，工事完了公告の2，3か月前に，所有権保存登記の際の組合員の住所，再建マンションへの居住の有無，現居の状況（持家なのか賃貸なのか，親族に貸すのか，売却に出すのか等）を確認しておく必要がある。

[11] 施行再建マンションに関する登記（円滑化82条）

円滑化法

（施行マンションに関する権利の変換）

第71条 （略）

2　施行再建マンションの区分所有権は，<u>第81条の建築工事の完了の公告の日に，権利変換計画の定めるところに従い，新たに施行再建マンションの区分所有権を与えられるべき者が取得する。</u>

3　施行マンションについて借家権を有していた者（その者が更に借家権を設定していたときは，その借家権の設定を受けた者）は，第81条の建築工事の完了の公告の日に，権利変換計画の定めるところに従い，施行再建マンションの部分について借家権を取得する。

（区分所有法の規約とみなす部分）

第72条　区分所有法第1条に規定する建物の部分若しくは附属の建物で権利変換計画<u>において施行再建マンションの共用部分</u>若しくは区分所有法第67条第1項の団地共用部分（以下この条において単に「団地共用部分」という。）<u>と定められたものがあるとき，権利変換計画において定められた施行再建マンションの共用部分</u>若しくは団

160

5 権利変換の登記（円滑化74条）

地共用部分の共有持分が区分所有法第11条第1項若しくは第14条第1項から第3項まで（区分所有法第67条第3項においてこれらの規定を準用する場合を含む。）の規定に適合しないとき，又は権利変換計画において定められた施行再建マンションの敷地利用権の割合が区分所有法第22条第2項本文の規定に適合しないときは，権利変換計画中その定めをした部分は，それぞれ区分所有法第4条第2項若しくは第67条第1項の規定による規約，区分所有法第11条第2項若しくは第14条第4項（区分所有法第67条第3項において準用する場合を含む。）の規定による規約又は区分所有法第22条第2項ただし書の規定による規約とみなす。

（担保権等の移行）

第73条 施行マンションの区分所有権又は敷地利用権について存する担保権等の登記に係る権利は，権利変換期日以後は，権利変換計画の定めるところに従い，施行再建マンションの区分所有権又は敷地利用権の上に存するものとする。

（建築工事の完了の公告等）

第81条 施行者は，施行再建マンションの建築工事が完了したときは，速やかに，その旨を，公告するとともに，第71条第2項又は第3項の規定により施行再建マンションに関し権利を取得する者に通知しなければならない。

（施行再建マンションに関する登記）

第82条 施行者は，施行再建マンションの建築工事が完了したときは，遅滞なく，施行再建マンション及び施行再建マンションに関する権利について必要な登記を申請しなければならない。

2 施行再建マンションに関する権利に関しては，前項の登記がされるまでの間は，他の登記をすることができない。

円滑不動産令

（施行再建マンションに関する登記の申請）

第7条 法第82条第1項の規定によってする登記の申請は，1棟の建物及び1棟の建物に属する建物の全部について，1の申請情報によってしなければならない。

2 前項の場合において，2以上の登記の登記事項を申請情報の内容とするには，同項の1棟の建物及び1棟の建物に属する建物ごとに，次に掲げる順序に従って登記事項に順序を付するものとする。

　一　建物の表題登記の申請

　二　共用部分である旨の登記の申請

第1章　マンション建替事業における登記手続

　　三　所有権の保存の登記の申請

　　四　法第88条第1項の先取特権の保存の登記の申請

　　五　担保権等登記の申請

3　第1項の登記の申請をする場合には，不動産登記令第3条各号に掲げる事項のほか，法第82条第1項の規定により登記の申請をする旨を申請情報の内容とし，かつ，権利変換計画及びその認可を証する情報をその申請情報と併せて登記所に提供しなければならない。

4　第5条第2項後段の規定は，第1項の申請について準用する。

（注）下線は筆者加筆

〈申請すべき登記〉

(1)　施行再建マンションについて必要な登記
　　・区分建物表題登記
　　・共用部分である旨の登記
(2)　施行再建マンションに関する権利について必要な登記
　　・所有権保存登記
　　・先取特権保存の登記
　　・担保権等登記（移行担保権の登記）

実務のポイント

■所有権保存登記の注意事項

　登録免許税は，各組合員の所有権保存登記，移行担保権の登記，先取特権保存登記の登録免許税の合計額を納付する。

■移行担保権の登記の注意事項

　登録免許税は追加設定登記の扱いとなり，不動産1個につき金1,500円。権利変換の登記（円滑化74条）の際には非課税であったことと対比。

実務の視点

■先取特権保存の登記の注意事項

　組合員は，工事完了公告日に施行再建マンションの所有権を取得するため（円滑化71条2項），清算金の負担がある組合員は遅くとも工事完了公告日までに清算金を建替組合に支払う必要がある。建替組合が定める期日までに清算金の支払がない場合は，清算金保全のため，先取特権保存の登記を82条登記のなかで申請する。先取特権を申請するのか否かにつき，建替組合と緊密なやり取りが必要となる。

5　権利変換の登記（円滑化 74 条）

〈例 29　登記申請書（円滑化 82 条 1 項の規定による登記）〉

登 記 申 請 書

マンションの建替え等の円滑化に関する法律第 82 条第 1 項の規定による登記の申請

添 付 書 面　　権利変換計画書　　　　同認可書

　　　　　　　所有権証明書　　　　　建物図面　　　　　各階平面図

　　　　　　　規約証明書　　　　　　代理権限証書　　　軽減証明書

　　　　　　　登録免許税法第 13 条第 2 項の証明書（添付省略）

　　　　　　　会社法人等番号

登録免許税　　金〇〇〇万〇〇〇円

令和〇〇年〇月〇日申請　東京法務局〇出張所

申 　請 　人　　東京都〇〇区〇〇丁目〇番〇号

　　　　　　　〇〇マンション建替組合

　　　　　　　　　理事長　〇〇　〇〇

代 　理 　人　　東京都〇〇区〇〇一丁目〇番〇号

　　　　　　　土地家屋調査士法人〇〇〇〇〇

　　　　　　　（会社法人等番号　0100 − 05 −〇〇〇〇〇〇）

　　　　　　　　　代表社員　〇〇　〇〇　　　　　　印

　　　　　　　　　（連絡先　　03 −〇〇〇〇 −〇〇〇〇）

　　　　　　　東京都〇〇区〇〇一丁目 1 番 1 号

　　　　　　　司法書士法人〇〇〇〇〇

　　　　　　　（会社法人等番号　0100 − 05 −〇〇〇〇〇〇）

　　　　　　　　　代表社員　〇〇　〇〇　　　　　　印

　　　　　　　　　（連絡先　03 −〇〇〇〇 −〇〇〇〇）

第1章 マンション建替事業における登記手続

〈例30 登記の目的（区分建物表題登記—店舗）〉　　　　　　　　　　　　　　　　(1)

一棟の建物の表示	所　　在	○○市○○町○丁目　○番地1				
	建物の名称	○○○○○○				
	①構　　造	② 床　面　積　　m²			m²	原因及びその日付
	鉄筋コンクリート造陸屋根16階建	1 階 795:82 2 階 692:75 3 階 526:01 4 階 526:01 5 階 526:01 6 階 526:01 7 階 526:01 8 階 526:01		9 階 526:95 10 階 526:01 11 階 526:01 12 階 526:95 13 階 526:95 14 階 529:34 15 階 529:34 16 階 529:34		

土地の表示 敷地権の目的である	① 土　地の符号	② 所 在 及 び 地 番	③地目	④ 地 積 m²	原因及びその日付
	1	○○市○○町○丁目○番1	宅地	2027:50	

専有部分の建物の表示	家屋番号	建物の名　称	主である建物又は附属建物	①種類	②構　造	③床面積 m²	原因及びその日付
	○○町○丁目○番1の1	店舗1		店舗	鉄筋コンクリート造1階建	1階部分　　53:56	令和○○年○月5日新築

敷地権の表示	①土地の符号	②敷地権の種類	③敷 地 権 の 割 合	原 因 及 び そ の 日 付
	1	所有権	778224 分の 5645	令和○○年○月5日敷地権

所　有　者
東京都○○市○○町○丁目○番地の○　　○○　○○

土地家屋調査士法人○○事務所
代表社員　○　○　○　○　　　　　印
東京都○○区○○一丁目○番○号
電話 03（3815）○○○○

164

5 権利変換の登記（円滑化74条）

〈例31 建物図面（店舗）〉

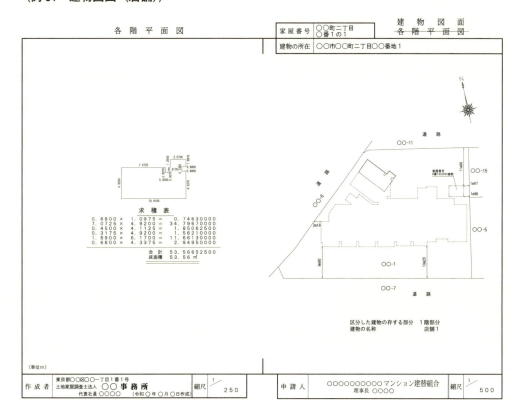

第 1 章　マンション建替事業における登記手続

〈例 32　登記の目的（区分建物表題登記—居宅）〉　　　　　　　　　　　　(2)

一棟の建物の表示	所　　在	○○市○○町○丁目○番地 1				
	建物の名称	○○○○○○				
	① 構　造	② 床　面　積　m²				原因及びその日付
	鉄筋コンクリート造陸屋根 16 階建	1 階　　795:82 2 階　　692:75 3 階　　526:01 4 階　　526:01 5 階　　526:01 6 階　　526:01 7 階　　526:01 8 階　　526:01		9 階　　526:95 10 階　　526:01 11 階　　526:01 12 階　　526:95 13 階　　526:95 14 階　　529:34 15 階　　529:34 16 階　　529:34			

土地の表示 敷地権の目的である	① 土地の符号	② 所 在 及 び 地 番	③地目	④ 地　積 m²	原因及びその日付
	1	○○市○○町○丁目○番 1	宅地	2027:50	

専有部分の建物の表示	家屋番号	建物の名　称	主である建物又は附属建物	①種類	②構　造	③床面積 m²	原因及びその日付
	○○町二丁目○番 1 の 201	201		居宅	鉄筋コンクリート造 1 階建	2 階部分　　46:27	令和○○年○月 5 日新築

敷地権の表示	①土地の符号	②敷地権の種類	③敷 地 権 の 割 合	原 因 及 び そ の 日 付
	1	所有権	778224 分の 4882	令和○○年○月 5 日敷地権

所 有 者
東京都○○市○○二丁目○番地の○　○○　○○

土地家屋調査士法人○○事務所
代表社員　○　○　○　○　　　　　印
東京都○○区○○一丁目○番○号
電話 03（○○○○）○○○○

5 権利変換の登記（円滑化74条）

〈例33 建物図面（居宅）〉

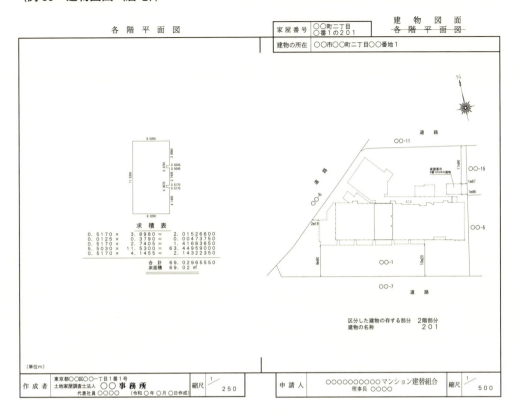

第1章 マンション建替事業における登記手続

〈例34 登記の目的（規約共用部分である旨の登記）〉

一棟の建物の表示	所　　在	○○市○○町二丁目　○番地1			
	建物の名称	○○○○○○セントラル			
	① 構　造	② 床　面　積 m² 　　　　　　　　m²			原因及びその日付
土地の表示 敷地権の目的である	① 土地の符号	② 所 在 及 び 地 番	③地目	④ 地 積 m²	原因及びその日付
	1	○○市○○町二丁目○番1	宅地	2027:50	

専有部分の建物の表示	家屋番号	建物の名　称	主である建物又は附属建物	①種類	②構　造	③床面積 m²	原因及びその日付
	○○町○丁目○番1の16	管理事務室		事務所	鉄筋コンクリート造1階建	1階部分 10:22	令和○○年○月5日 規約設定共用部分
敷地権の表示	①土地の符号	②敷地権の種類	③敷　地　権　の　割　合		原 因 及 び そ の 日 付		
所　有　者 東京都○○市○○町○丁目○番地の○　　○○　○○							

土地家屋調査士法人○○事務所

代表社員　○　○　○　○　　　　　印
東京都○○区○○一丁目○番○号
電話 03（○○○○）○○○○

168

5 権利変換の登記（円滑化74条）

〈例35 建物図面（共用部分）〉

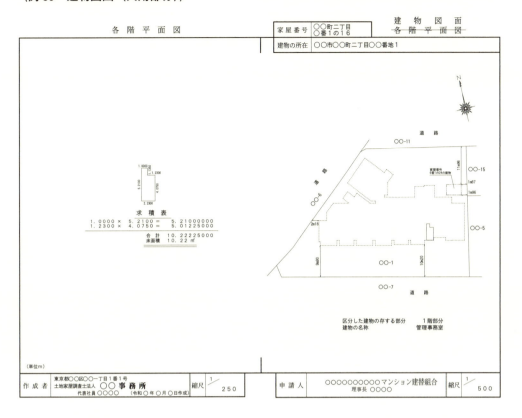

第 1 章　マンション建替事業における登記手続

〈例 36　登記申請書（所有権保存）〉

登　記　申　請　書

登記の目的　　　所有権保存

所　有　者　　　東京都○○区○○○丁目○番○号

　　　　　　　　　　　　　　　○○　　○○

課 税 価 格　　　金○○○○○○円

登録免許税　　　金○○○○○円

不動産の表示

　一棟の建物の表示

　　所　　　　在　　　○○区○○○丁目○○番○

　　建物の名称　　　○○○○○○

　専有部分の建物の表示

　　家 屋 番 号　　　○○○丁目○○番○の○○○

　　建物の名称　　　○○○

　　種　　　類　　　居宅

　　構　　　造　　　鉄筋コンクリート造 1 階建

　　床 面 積　　　3 階部分　60.63m^2

実務のポイント

■**Q**　工事完了公告（円滑化 81 条）までに参加組合員から保留床を譲り受けた者は，直接所有権保存登記をなし得るか。

【回答】

　不可。

【理由】

　保留床とは，参加組合員が取得する施行再建マンションの専有部分をいう。

　権利床とは，施行マンションの区分所有権又は敷地利用権を有する者が，当該権利に対応して与えられる施行再建マンションの専有部分をいう。

　施行再建マンションに関する権利を原始的に取得することができるという法的地位の譲渡は，何ら公示されないため，譲受人名義で所有権保存登記をするのは困難である（登研 697 号 223 頁）。

※一方，組合員から権利床を譲り受けた者が直接所有権保存登記をなし得るかについては，法務局によって取扱いが異なるようである。

170

5 権利変換の登記（円滑化74条）

■Q 保留床につき参加組合員名義の表題登記にとどめてよいか，所有権保存登記まで要するか。分譲購入者の登記（所有権保存又は所有権移転）に影響するため問題となる。

【回 答】

　参加組合員名義の表題登記までで可。所有権保存登記まで行う必要はない。したがって保留床の分譲購入者は，所有権保存登記（不登74条2項）でよい（登研697号223頁）。

【解 説】

　円滑不動産令7条2項が，施行者による所有権保存登記の一括申請を定めているのは，マンションの建替えに伴い，担保権等の登記に係る権利について必要となる登記の申請手続を円滑に行うためである。すなわち，権利床においては各組合員による個別の登記に委ねていたのでは，表題登記のみ行い，所有権保存登記が行われずに，移行担保権の登記が入らないという事態となり得る。一方，参加組合員が取得する保留床については担保権等の登記が付着していることなく，表題登記までにとどめても特段の支障は生じない。

〈例37　登記申請書（抵当権設定）〉

登 記 申 請 書

登記の目的　　　抵当権設定

権利変換前の登記の申請書の受付の年月日及び受付番号

　　　　　　　　令和○○年○月○日受付第○○号

原　　　　因　　令和○○年○月○日金銭消費貸借

　　　　　　　　同日設定

　　　　　　　　（令和○○年○月○日マンションの建替え等の円滑化に関する法律による権利変換）

債　権　額　　　金○○○○万円

利　　　息　　　年○％（年365日の日割計算）

損　害　金　　　年14・6％（年365日の日割計算）

債　務　者　　　東京都○○区○○○丁目○番○号

　　　　　　　　○○　○○

抵当権者　　　　東京都○○区○○○丁目○番○号

　　　　　　　　○○○銀行

第1章　マンション建替事業における登記手続

```
  設 定 者　　東京都○○区○○○丁目○番○号
　　　　　　　　　　○○　○○
  共 同 担 保　　目録（ら）第○○○○号
  登録免許税　　金1,500円　登録免許税法第13条第2項※
  不動産の表示
　　一棟の建物の表示
　　　　所　　　　在　　○○区○○○丁目○○番○
　　　　建物の名称　　○○○○○○
　　専有部分の建物の表示
　　　　家 屋 番 号　　○○○丁目○○番○の○○○
　　　　建物の名称　　○○○
　　　　種　　　　類　　居宅
　　　　構　　　　造　　鉄筋コンクリート造1階建
　　　　床 面 積　　3階部分　60.63m²
```

※　実質的な追加設定登記として登録免許税は不動産1個につき金1500円である。

〈例38　登記申請書（登記の目的（円滑化88条1項の先取特権の保存））〉

```
               登 記 申 請 書

  登記の目的　　マンションの建替え等の円滑化に関する法律第88条第1項の先取特権
　　　　　　　　の保存
  原　　　　因　　令和○○年○月○日マンションの建替え等の円滑化に関する法律による
　　　　　　　　先取特権発生※1
  清算金の予算額　金○○○○○円
  債 務 者　　東京都○○区○○○丁目○番○号
　　　　　　　　　　○○　○○
  先取特権者　　東京都○○区○○○丁目○番○号
　　　　　　　　○○マンション建替組合
　　　　　　　　　　理事長　○○　○○
  義 務 者　　東京都○○区○○○丁目○番○号
　　　　　　　　　　○○　○○
  課 税 価 格　　金○○○○○円
```

5　権利変換の登記（円滑化74条）

登録免許税　　金○○○○円※2

不動産の表示

　一棟の建物の表示

　　所　　　　在　　○○区○○○丁目○○番○

　　建物の名称　　　○○○○○○

　専有部分の建物の表示

　　家 屋 番 号　　○○○丁目○○番○の○○○

　　建物の名称　　　○○○

　　種　　　　類　　居宅

　　構　　　　造　　鉄筋コンクリート造1階建

　　床　面　積　　　3階部分　60.63m^2

※1　原因日付として，円滑化法81条に規定する建築工事の完了の公告年月日を記載する。

※2　以前は，組合員が取得する権利については非課税であったが，現在は原則どおり課税となっている。申請する登記の登録免許税の合算額（所有権保存登記，移行担保権等）を記載する。

12 分筆・合筆の登記について（円滑化92条）

円滑化法

（土地の分割及び合併）

第92条　施行者は，マンション建替事業の施行のために必要があるときは，所有者に代わって土地の分割又は合併の手続をすることができる。

◎解説

　「分割」とは，保留敷地につき，権利変換登記「前」に，敷地の分筆登記を典型事例として想定している。

　「合併」とは，隣接施行敷地につき，権利変換登記「後」に，敷地の合筆登記を典型事例として想定している。

　ただし，保留敷地や隣接施行敷地がある場合に限った規定ではない。

第4編　マンション建替え等の円滑化法による登記

173

第1章　マンション建替事業における登記手続

💡 **実務のポイント**

■**Q**　代位による分合筆登記の申請時期については権利変換期日前に限られるか。

【回答】

　権利変換期日後であっても組合の代位で合筆（分筆）登記ができる。

【理由】

① 都市再開発法131条2項のように権利変換手続開始の登記の前にあらかじめなすべき旨の規定はない。

② 敷地権付区分建物については、敷地権化されたままの状態ではそもそも合筆できない（昭和58年会同質疑112）ため、権利変換期日に敷地権化が解かれて、初めて合筆できるようになる（円滑不動産令5条4項）のに、権利変換期日前にしか合筆できないと解するのは、事実上敷地権付区分建物の場合は、マンション建替事業に当たり合筆登記できないことになり、円滑化法92条がわざわざ設けられた趣旨を没却すると考えられる。

　なお、地積更正登記については、円滑不動産令2条2号により建替組合による代位申請が可能である。

■**Q**　円滑化法92条の代位による合筆登記により登記識別情報は通知されるか。

【回答】

　通知されない。

【理由】

① 登記識別情報は、登記申請人自らが登記名義人となる場合に通知されるところ（不登21条）、登記申請人は建替組合であり、登記名義人となるのは組合員である。円滑不動産令3条は、本来は通知されないケースにおいて不動産登記法の特則をあえて規定したものであり、代位による所有権保存登記、所有権、地上権、賃借権移転登記に限って登記識別情報の通知を認めた規定であり、92条の代位による合筆登記の場合にもその適用を拡大すべきではない。

② 本条の代位により通知されなくても、敷地に関する権利変換の登記（円滑化74条）により登記識別情報は通知されるため特段不都合はない。

174

> **円滑不動産令**
>
> **（代位登記の登記識別情報）**
>
> **第3条** 登記官は，前条の規定による申請に基づいて同条第4号又は第5号に掲げる登記を完了したときは，速やかに，登記権利者のために登記識別情報を申請人に通知しなければならない。
>
> **2** 前項の規定により登記識別情報の通知を受けた申請人は，遅滞なく，これを同項の登記権利者に通知しなければならない。
>
> （編注：下線は筆者加筆）

〈例39　登記申請書（土地合筆登記）〉

登 記 申 請 書

登記の目的　　土地合筆登記

被代位者　　　後記のとおり

代 位 者　　　○○市○○町○丁目○番○号

（申請人）　　○○○○マンション建替組合

　　　　　　　　理事長　　○○　　○○

代位原因　　　マンションの建替え等の円滑化に関する法律第92条

添付書類　　　代位原因証書　　　　代理権限証書　　　　資格証明書

　　　　　　　調査報告書　　　　会社法人等番号

令和○○年○月27日申請　　　○○法務局○○支局

代 理 人　　　東京都○○区○○一丁目1番1号

　　　　　　　土地家屋調査士法人○○事務所

　　　　　　　（会社法人等番号　0100-05-○○○○○○）

　　　　　　　　　代表社員　○　○　○　○

　　　　　　　　　電話番号　03-○○○○-○○○○

登録免許税　　金1,000円

第1章 マンション建替事業における登記手続

	所　在			○○市○○町二丁目		
	不動産番　号	①地　番	②地　目	③地　積　m²		登記原因及びその日付
土地の表示	01240○○○○○○○○	6番1	宅地	257	54	
	01240○○○○○○○○	6番2	宅地	449	20	6番1に合筆
	01240○○○○○○○○	6番3	宅地	830	55	6番1に合筆
	01240○○○○○○○○	6番4	宅地	489	14	6番1に合筆
		6番1	宅地	2026	43	③6番2，6番3，6番4を合筆

被代位者

　東京都○○市○○町○丁目○番地の11
　○　　○　　○　　○

　東京都○○市○○○丁目○番地の2
　○　　○　　○　　○

　東京都○○市○○○丁目○番地の2
　○　　○　　○

　東京都○○市○○町○丁目○番地14
　○　　○　　○

　東京都○○市○○町○丁目○番地14
　○　　○　　○　　○

　東京都○○市○○町○丁目○番地の4○○
　○　　○　　○

　東京都○○市○○町○丁目○番地の17
　○　　○　　○

176

5　権利変換の登記（円滑化74条）

〈例40　登記申請書（土地地積更正登記）〉

登 記 申 請 書

登 記 の 目 的　　土地地積更正登記

被 代 位 者　　後記のとおり

代 位 者　　○○市○○町○丁目○番○号

（申請人）　　○○○○マンション建替組合

　　　　　　　　理事長　○○　○○

代 位 原 因　　マンションの建替え等の円滑化に関する法律による不動産登記に関する

　　　　　　　政令第2条

添 付 書 類　　地積測量図　　　代位原因証書（前件添付）　　資格証明書（前件添付）

　　　　　　　代理権限証書　　　調査報告書　（前件添付）　　会社法人等番号

令和○○年○月27日申請　　　　○○法務局○○支局

代 理 人　　東京都○○区○○一丁目1番1号

　　　　　　　土地家屋調査士法人○○事務所

　　　　　　　（会社法人等番号　0100－05－○○○○○○）

　　　　　　　　代表社員　○　○　○　○　　　　印

　　　　　　　　電話番号　03－○○○○－○○○○

	所　在	○○市○○町二丁目				
	不動産番号	①地　番	②地　目	③地　積　m²		登記原因及びその日付
土地の表示	01240○○○○○○○○	○番○	宅地	2026	43	
				2027	50	③錯誤

177

第 1 章 マンション建替事業における登記手続

　　被代位者
　　　東京都○○市○○町○丁目○番地の11
　　　　○　○　○　○
　　　東京都○○市○○○丁目○番地の2
　　　　○　○　○　○
　　　東京都○○市○○○丁目○番地の2
　　　　○　○　○　○

〜〜〜〜〜〜〜〜〜〜〜〜〜〜〜〜〜〜〜〜〜〜〜〜〜〜〜〜〜〜〜〜〜

　　　東京都○○市○○町○丁目○番地14
　　　　○　○　○　○
　　　東京都○○市○○町○丁目○番地14
　　　　○　○　○　○　○
　　　東京都○○市○○町○丁目○番地の4○○
　　　　○　○　○　○
　　　東京都○○市○○町○丁目○番地の17

〈例41　地積測量図（地積更正）〉

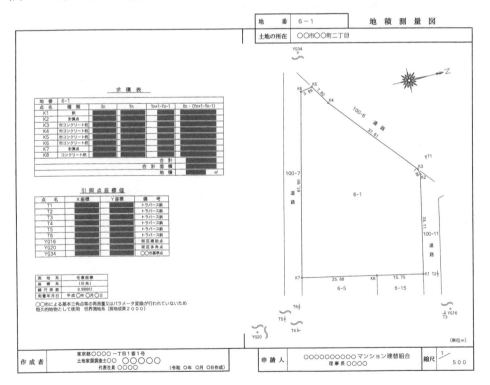

第2章 敷地売却事業における登記手続

〈図21　おおまかな事業スケジュールと登記手続〉

・敷地売却決議
　↓
・敷地売却組合設立認可
　↓①②③
・分配金取得計画認可・権利消滅期日
　↓④
・組合から買受人への1棟建物・土地の売却
　↓⑤
・建物解体
　↓⑥

①敷地売却組合による敷地売却事業不参加者への売渡請求書（円滑化124条）

②分配金取得手続開始の登記（円滑化140条）

③組合員の住所変更登記

④権利消滅期日における登記（円滑化149条）

　・組合へ売却マンションの所有権移転登記

　・抵当権等の第三者の権利の抹消登記

　・建物表題部変更登記（敷地権抹消登記）

　・建物の合併登記

⑤土地・建物の所有権移転登記

⑥建物滅失登記

1　敷地売却組合による敷地売却事業不参加者への売渡請求書（円滑化124条）

円滑化法

（区分所有権及び敷地利用権の売渡し請求）

第124条　組合は，前条第1項の公告の日（その日が第108条第10項において準用する区分所有法第63条第2項の期間の満了の日前であるときは，当該期間の満了の日）から2月以内に，第108条第10項において読み替えて準用する区分所有法第63条第4項に規定するマンション敷地売却に参加しない旨を回答した区分所有者（その承継人を含み，その後にマンション敷地売却合意者となったものを除く。）に対し，区分

第2章　敷地売却事業における登記手続

所有権及び敷地利用権を時価で売り渡すべきことを請求することができる。マンション敷地売却決議があった後に当該区分所有者から敷地利用権のみを取得した者（その承継人を含み，その後にマンション敷地売却合意者となったものを除く。）の敷地利用権についても，同様とする。

2　前項の規定による請求は，マンション敷地売却決議の日から1年以内にしなければならない。ただし，この期間内に請求することができなかったことに正当な理由があるときは，この限りでない。

3　区分所有法第63条第5項から第7項までの規定は，第1項の規定による請求があった場合について準用する。この場合において，区分所有法第63条第5項中「建替えに」とあるのは「マンションの建替え等の円滑化に関する法律（以下「円滑化法」という。）第2条第1項第8号に規定するマンション敷地売却に」と，「建替え決議」とあるのは「円滑化法第108条第1項に規定するマンション敷地売却決議（以下単に「マンション敷地売却決議」という。）」と，同条第6項中「建替え決議」とあるのは「マンション敷地売却決議」と，「建物の取壊しの工事に着手しない」とあるのは「円滑化法第149条の規定による売却マンション（円滑化法第2条第1項第10号に規定する売却マンションをいう。以下同じ。）及びその敷地（売却マンションの敷地利用権が円滑化法第2条第1項第17号に規定する借地権（以下単に「借地権」という。）であるときは，その借地権）の円滑化法第116条に規定する組合への帰属（以下単に「組合への帰属」という。）がない」と，「第4項」とあるのは「円滑化法第124条第1項」と，同項ただし書中「建物の取壊しの工事に着手しなかつた」とあるのは「組合への帰属がなかつた」と，同条第7項中「建物の取壊しの工事の着手」とあるのは「組合への帰属」と，「その着手をしないとき」とあるのは「組合への帰属がないとき」と読み替えるものとする。

➡　建替えの場合と同旨。

2　分配金取得手続開始の登記（円滑化140条）

円滑化法

第一目　分配金取得手続開始の登記

第140条　組合は，第123条第1項の公告があったときは，遅滞なく，登記所に，売却マンションの区分所有権及び敷地利用権（既登記のものに限る。）について，分配金取得手続開始の登記を申請しなければならない。

2　前項の登記があった後においては，組合員は，当該登記に係る売却マンションの区分所有権又は敷地利用権を処分するときは，国土交通省令で定めるところにより，組合の承認を得なければならない。

3　組合は，事業の遂行に重大な支障が生ずることその他正当な理由がなければ，前項の承認を拒むことができない。

4　第2項の承認を得ないでした処分は，組合に対抗することができない。

5　権利消滅期日前において第137条第5項の公告があったときは，組合の清算人は，遅滞なく，登記所に，分配金取得手続開始の登記の抹消を申請しなければならない。

➡　建替えの場合と同旨。

円滑不動産令

（分配金取得手続開始の登記）

第9条　法第140条第1項の規定による分配金取得手続開始の登記の申請をする場合には，法第123条第1項の公告があったことを証する情報をその申請情報と併せて登記所に提供しなければならない。

2　法第140条第5項の規定による分配金取得手続開始の登記の抹消の申請をする場合には，法第137条第5項の公告があったことを証する情報をその申請情報と併せて登記所に提供しなければならない。

3　組合員の住所変更登記

　分配金取得計画書記載の組合員の住所・氏名と土地・建物の登記記録上の所有者の住所・氏名が一致している必要がある。

➡　円滑不動産令2条により，建替組合の代位による登記が可能（円滑不動産令2条3号）。

※なお，マンション敷地売却事業では，権利消滅期日において抵当権等が消滅するため，分配金取得計画においては，区分所有者等だけでなく，消滅する抵当権等の権利者の表示についても，登記記録上の登記名義人の表示と一致していることが必要であるため，円滑不動産令2条5号において相続，合併等による代位による抵当権等の移転登記が可能である。

第2章　敷地売却事業における登記手続

4　権利消滅期日における登記（円滑化150条1項）

円滑化法

（分配金取得計画の内容）

第142条　分配金取得計画においては，国土交通省令で定めるところにより，次に掲げる事項を定めなければならない。

　一　組合員の氏名又は名称及び住所

　二　組合員が売却マンションについて有する区分所有権又は敷地利用権

　三　組合員が取得することとなる分配金の価額

　四　売却マンション又はその敷地に関する権利（組合員の有する区分所有権及び敷地利用権を除く。）を有する者で，この法律の規定により，権利消滅期日において当該権利を失うものの氏名又は名称及び住所，失われる売却マンション又はその敷地について有する権利並びにその価額

　五　第155条の規定による売却マンション又はその敷地の明渡しにより前号に掲げる者（売却マンション又はその敷地を占有している者に限る。）が受ける損失の額

　六　補償金の支払に係る利子又はその決定方法

　七　権利消滅期日

　八　その他国土交通省令で定める事項

2　売却マンションに関する権利又はその敷地利用権に関して争いがある場合において，その権利の存否又は帰属が確定しないときは，当該権利が存するものとして，又は当該権利が現在の名義人（当該名義人に対して第108条第10項において準用する区分所有法第63条第4項又は第124条第1項の規定による請求があった場合においては，当該請求をした者）に属するものとして分配金取得計画を定めなければならない。

（権利消滅期日等の通知）

第148条　組合は，分配金取得計画若しくはその変更（権利消滅期日に係るものに限る。以下この条において同じ。）の認可を受けたとき，又は第145条の国土交通省令で定める軽微な変更をしたときは，遅滞なく，国土交通省令で定めるところにより，売却マンションの所在地の登記所に，権利消滅期日その他国土交通省令で定める事項を通知しなければならない。

（権利消滅期日における権利の帰属等）

第149条　権利消滅期日において，売却マンションは，組合に帰属し，区分所有法第1条に規定する建物の各部分を所有権の目的としない建物となり，売却マンションを目的とする所有権以外の権利は，消滅する。

2　権利消滅期日において，売却マンションの敷地利用権は，組合に帰属し，売却マンションの敷地利用権が所有権であるときは当該所有権に係る敷地を目的とする所有権，地役権及び地上権以外の権利，売却マンションの敷地利用権が借地権であるときは当該借地権を目的とする権利は，消滅する。

（権利売却の登記）

第150条　組合は，権利消滅期日後遅滞なく，売却マンション及びその敷地に関する権利について必要な登記を申請しなければならない。

4 権利消滅期日における登記（円滑化150条1項）

2 権利消滅期日以後においては，売却マンション及びその敷地に関しては，前項の登記がされるまでの間は，他の登記をすることができない。

円滑不動産令

（権利消滅期日後の登記の申請）

第10条 法第150条第1項の規定によってする登記の申請は，同一の登記所の管轄に属するものの全部について，1の申請情報によってしなければならない。

2 前項の場合において，2以上の登記の登記事項を申請情報の内容とするには，次に掲げる順序に従って登記事項に順序を付するものとする。

一 建物の表題登記の申請

二 所有権の保存の登記の申請

三 所有権の移転の登記の申請

四 地上権又は賃借権の移転の登記の申請

五 所有権以外の権利の登記の抹消の申請

六 建物の表題部の変更の登記の申請

七 建物の分割の登記の申請

八 建物の合併の登記の申請

3 第1項の登記の申請をする場合には，不動産登記令第3条各号に掲げる事項のほか，法第150条第1項の規定により登記の申請をする旨を申請情報の内容とし，かつ，分配金取得計画及びその認可を証する情報をその申請情報と併せて登記所に提供しなければならない。

4 第1項の登記の申請をする場合において，建物の表題登記の登記事項を申請情報の内容としたときは，不動産登記令別表の21の項の規定を準用する。この場合において，同項添付情報欄イ中「規約を廃止した」とあるのは，「規約の効力が失われた」と読み替えるものとする。

5 登記官は，法第150条第1項の登記をするときは，職権で，分配金取得手続開始の登記を抹消しなければならない。

第2章　敷地売却事業における登記手続

権利消滅期日における〔効果〕

■売却マンションについて

①所有権は組合に帰属する。

②区分所有法1条に規定する建物の各部分を所有権の目的としない建物（非区分建物）となる。

③売却マンションを目的とする所有権以外の権利は消滅する。

■売却マンションの敷地利用権について

④売却マンションの敷地利用権が所有権であるときは，当該所有権は組合に帰属する。

⑤売却マンションの敷地利用権が地上権又は賃借権であるときは当該地上権又は賃借権は組合に帰属する。この場合，底地の所有権は組合に帰属しない。

⑥売却マンションの敷地利用権が所有権であるときは当該所有権にかかる敷地を目的とする所有権，地役権及び地上権以外の権利は消滅する。

⑦売却マンションの敷地利用権が地上権又は賃借権であるときは当該地上権又は賃借権を目的とする権利は消滅する。当該底地の所有権を目的とした抵当権，電線等について設定した地役権，地下鉄等について設定した区分地上権等は従前どおり存続する。

〈必要な登記（申請はこの順番に従う）〉

㋐建物の表題登記

㋑所有権の保存登記

㋒所有権の移転登記

㋓地上権又は賃借権の移転の登記

㋔所有権以外の権利の登記の抹消の登記

㋕建物の表題部の変更の登記

㋖建物の分割の登記

㋗建物の合併の登記

184

4 権利消滅期日における登記（円滑化150条1項）

> **ポイント**
>
> 最終目的：買受人に確実，安全，迅速に所有権を移転したい。
>
> ↓ つまり
>
> 各専有部分の所有者たる組合員が個別に買受人に売買となると，手続が煩雑。組合員の個別事情で買受人の取得の足並みが揃わないといった事態も想定される。
>
> ↓ そこで
>
> 敷地売却組合が権利消滅期日に売却マンションとその敷地（敷地利用権が所有権の場合）を一括取得するものとし，買受人への売却の売主を敷地売却組合に一本化する。
>
> ↓
>
> そのための登記手続が㋐〜㋗の登記。

㋐ 建物の表題登記 ⇒ 前頁の権利消滅期日における［効果］①，②より

共用部分であった建物について意味のある規定である。売却マンションは権利消滅期日において非区分建物となり，当然に共用部分である旨を定めた規約の効力が失われることとなるため，上記㋐の合併登記を行うために，当該共用部分の表題登記をおこす必要がある。なお，売却マンションは敷地売却組合に帰属するため，敷地売却組合が表題部所有者となる。

㋑ 所有権の保存登記

上記㋐により表題登記がなされた共用部分であった建物についての敷地売却組合名義の所有権保存登記である。

所有権の登記がない建物と所有権の登記がある建物とは合併できないため（不登56条4号），所有権保存登記を行う必要がある。

㋒ 所有権の移転登記 ⇒ ［効果］①，④より

各専有部分及びその敷地利用権が所有権である場合の当該敷地についての所有権移転登記である。

㋓ 地上権又は賃借権の移転の登記 ⇒ ［効果］⑤より

各専有部分の敷地利用権が地上権又は賃借権である場合の当該敷地利用権についての移転登記である。

第2章　敷地売却事業における登記手続

⑦所有権以外の権利の登記の抹消　⇒［効果］③，⑥，⑦より
　所有権以外の権利（抵当権，差押え等処分制限の登記）が設定されている各専有部分及びその敷地利用権に適用される規定である。

⑰建物の表題部の変更の登記　⇒［効果］①より
　売却マンションが敷地権付区分建物である場合，権利消滅期日において売却マンションは非区分建物となるため，敷地権の登記を抹消する表題部の変更登記が必要となる。

⑪建物の分割の登記
　⑦の区分合併登記は，建物が物理的に接続していなければならないところ（不登54条1項3号），売却マンションに別棟の附属の建物（例：別棟の集会所）がある場合，売却マンションと物理的に接続していないため，当該別棟の附属建物については，⑦の区分合併登記ができない。そこで，当該附属建物を当該専有部分の登記記録から分割して登記記録上別の1個の建物とすることができるようにした。

⑰建物の合併の登記　⇒［効果］②より
　売却マンションは，権利消滅期日において，非区分建物となる。

〈例42　登記申請書（円滑化法による分配金取得手続開始)〉

登 記 申 請 書

登 記 の 目 的　　マンションの建替え等の円滑化に関する法律による分配金取得手続開始
添 付 情 報　　公告を証する書面　　代理権限証書　　資格証明書
　　　　　　　　非課税証明書（租税特別措置法第76条第2項第2号）
登 録 免 許 税　　租税特別措置法第76条第2項第2号
令和〇〇年〇〇月〇〇日申請　　〇〇法務局
申 　請 　人　　東京都〇〇区〇〇丁目〇番〇号
　　　　　　　　〇〇〇〇マンション敷地売却組合
　　　　　　　　　　理事長　〇〇　〇〇
代 　理 　人　　東京都〇〇区〇〇一丁目1番1号
　　　　　　　　司法書士法人〇〇事務所
　　　　　　　　　　代表社員　〇〇　〇〇　　　　　印

4　権利消滅期日における登記（円滑化 150 条 1 項）

　　　　　　　　　　（連絡先○○−○○○○−○○○○）

　　　　　　　　　　（会社法人等番号 0100−05−○○○○○○）

不動産の表示

(1)

一棟の建物の表示

　　所　　　在　　　○○区○○丁目○番地○

　　構　　　造　　　○○○○○

　　床　面　積　　　1 階　○○○．○○平方メートル

　　　　　　　　　　2 階　○○○．○○平方メートル

　　　　　　　　　　3 階　○○○．○○平方メートル

　　　　　　　　　　4 階　○○○．○○平方メートル

専有部分の建物の表示

　　家 屋 番 号　　　○○丁目○番の○

　　種　　　類　　　○○

　　構　　　造　　　○○○○○

　　床　面　積　　　1 階部分　○○．○○平方メートル

〈例 43　登記申請書（円滑化法 150 条 1 項の規定による登記の申請）〉

登 記 申 請 書

登記の目的　　マンションの建替え等の円滑化に関する法律第 150 条第 1 項の規定によ
　　　　　　　る登記の申請

添 付 情 報　　分配金取得計画書　　　　同認可書　　　　　　住所証明書

　　　　　　　建物図面及び各階平面図　代理権限証明情報　　会社法人等番号

　　　　　　　非課税証明書

登録免許税　　非課税

　　　　　　　租税特別措置法第 76 条第 2 項第 3 号

令和○○年○○月○日申請　　○○法務局

申　請　人　　東京都○○区○○丁目○番○号

　　　　　　　○○○○マンション敷地売却組合

　　　　　　　　理事長　　○○　○○

第2章　敷地売却事業における登記手続

```
代　理　人　　　東京都○○区○○一丁目○番○号

　　　　　　　　　土地家屋調査士法人○○事務所

　　　　　　　　　（会社法人等番号 0100-05-○○○○○○）

　　　　　　　　　　代表社員　○○　○○　　　　　　　　　印

　　　　　　　　　　（連絡先の電話番号　　03-○○○○-○○○○）

　　　　　　　　　東京都○○区○○一丁目1番1号

　　　　　　　　　司法書士法人○○○○○

　　　　　　　　　（会社法人等番号 0100-05-○○○○○○）

　　　　　　　　　　代表社員　○○　○○　　　　　　　　　印

　　　　　　　　　　（連絡先の電話番号　　03-○○○○-○○○○）
```

（共用部分について，共用部分である旨の規約の効力が失われたことによる建物の表題登記の申請（円滑化法登記令10②一））

登記の目的　　区分建物表題登記（共用部分の規約の効力喪失）

不動産の表示　後記1のとおり

（共用部分について，共用部分である旨の規約の効力が失われたことによる建物の表題登記の申請をした建物についてする所有権の保存の登記の申請（円滑化法登記令10②二））

登記の目的　　所有権保存

所　有　者　　東京都○○区○○丁目○番○号

　　　　　　　○○○○マンション敷地売却組合

法第74条第1項第1項申請

課税価格　　　金○円

登録免許税　　金○円

不動産の表示　後記2のとおり

（売却マンション及びその敷地の所有権の移転の登記の申請（円滑化法登記令10②三））

登記の目的　　所有権移転，共有者全員持分全部移転（後記1のとおり）

原　　　因　　令和○○年○月○日マンションの建替え等の円滑化に関する法律による

　　　　　　　権利帰属

権　利　者　　東京都○○区○○丁目○番○号

　　　　　　　○○○○マンション敷地売却組合

義　務　者　　後記3のとおり

課 税 価 格　　　金〇円

登録免許税　　　金〇円

不動産の表示　　後記1のとおり

（売却マンションの敷地の地上権または賃借権の移転の登記の申請（円滑化法登記令10②四））

登記の目的　　1番地上権共有者全員持分全部移転（後記1（編注：**例44**）のとおり）

原　　　因　　令和〇〇年〇月〇日マンションの建替え等の円滑化に関する法律による

権 利 帰 属

権　利　者　　東京都〇〇区〇〇丁目〇番〇号

　　　　　　　〇〇〇〇マンション敷地売却組合

義　務　者　　後記〇のとおり

不動産の表示　後記1のとおり

（売却マンション及びその敷地の所有権以外の権利の抹消の登記の申請（円滑化法登記令10②五））

登記の目的　　根抵当権抹消，抵当権抹消（後記1のとおり）

原　　　因　　令和〇〇年〇月〇日マンションの建替え等の円滑化に関する法律による

　　　　　　　権利消滅

権　利　者　　東京都〇〇区〇〇丁目〇番〇号

　　　　　　　〇〇〇〇マンション敷地売却組合

義　務　者　　後記3のとおり

不動産の表示　後記1のとおり

（売却マンションについて敷地権が消滅したことを原因とする建物の表題部の変更の登記の申請（円滑化法登記令10②六））

登記の目的　　区分建物表題部変更登記（敷地権抹消）

不動産の表示　後記4のとおり

（売却マンションについて別棟の附属の建物（集会所等）が区分建物の附属建物として登記されている場合における建物の分割の登記の申請（円滑化法登記令10②七））

登記の目的　　区分建物分割登記

登録免許税　　金〇円

不動産の表示　後記4のとおり

第2章　敷地売却事業における登記手続

（建物の合併（区分合併）の登記の申請）（円滑化法登記令10②八））

登記の目的　　区分建物合併登記

登録免許税　　金○円

不動産の表示　後記4のとおり

〈例44　登記の目的（区分建物表題登記（共用部分の規約の効力喪失））〉

（後記1）

登記の目的　　区分建物表題登記（共用部分の規約の効力喪失）

一棟の建物の表示		
所在	○市○町○丁目○番，○番	
建物の名称	○○○マンション	

専有部分の建物の表示			
家屋番号	○町○丁目○番の101		
①種類	②構造	③床面積　　　　m²	原因及びその日付
集会所	鉄筋コンクリート造1階建	1階部分 50.00	令和○年○月○日共用部分の規約の効力喪失

（後記2）

登記の目的　　所有権保存

不動産の表示

一棟の建物の表示

　　所　　　　在　　○○市○○町○丁目○番地，○番地

　　建物の名称　　○○○○マンション

専有部分の建物の表示

　　家 屋 番 号　　○町○丁目○番の○

　　種　　　類　　集会所

　　構　　　造　　鉄筋コンクリート造1階建

　　床 面 積　　1階部分　40.00m²

　　不動産の価格　金○円

　　登録免許税　　金○円

4 権利消滅期日における登記（円滑化 150 条 1 項）

（後記 3）

登記の目的 　　所有権移転，共有者全員持分全部移転

　　　　　　　　地上権共有者全員持分全部移転

　　　　　　　　根抵当権抹消，抵当権抹消

敷地権の目的となる土地の表示

土地の符号	所在及び地番	地目	地積　m²
1	○市○町一丁目○番	宅地	500.00
2	○市○町一丁目○番	宅地	500.00

専有部分の建物の表示

	家屋番号	種類	構造	床面積 m²	敷地権の表示			登記の目的	
					土地の符号	敷地権の種類	敷地権の割合	移転	抹消
1	○町一丁目1番の102	居宅	鉄筋コンクリート造1階建	1階部分100.00	1	所有権	100分の30	○	○
					2	地上権	100分の30	○	○
1	○町一丁目1番の103	居宅	鉄筋コンクリート造1階建	1階部分100.00	1	所有権	100分の30	○	○
					2	地上権	100分の30	○	○

登記の目的，登記義務者

	家屋番号	登記の目的	順位番号	登記義務者	課税価格	登録免許税
1	○町一丁目○番102	所有権移転	—	○市○町何丁目何番何号 何　某	金○円	金○円
		買戻権抹消	○区○番付記○号	○市○町何丁目何番何号 何　某	—	金○円
		差押抹消	○区○番	○市○町何丁目何番何号 何　某		
		抵当権抹消	○区○番	○市○町何丁目○番○号 何　某		
1	○町一丁目○番102	所有権移転	—	○市○町何丁目何番何号 何　某	金○円	金○円
		抵当権抹消	○区○番	○市○町何丁目何番何号 何　某		金○円

第4編　マンション建替え等の円滑化法による登記

第2章　敷地売却事業における登記手続

(後記4)

登記の目的　　区分建物表題部変更登記（敷地権抹消）

　　　　　　　区分建物分割登記

　　　　　　　区分建物合併登記

一棟の建物の表示

所在	○市○町○丁目○番，○番	
建物の名称	何マンション	

専有部分の建物の表示

家屋番号	○町○丁目○番の101		
①種類	②構造	③床面積　　　　m²	原因及びその日付
集会所	鉄筋コンクリート造1階建	1階部分 50.00	1番の102，1番の103，1番の104，1番の201，1番の202，1番の203，1番の204，1番の301，1番の302と合併

専有部分の建物の表示

家屋番号	○町○丁目○番の○○○		
①種類	②構造	③床面積　　　　m²	原因及びその日付
居宅	鉄筋コンクリート造1階建	1階部分 90.00	1番の101，1番の103，1番の104，1番の201，1番の202，1番の203，1番の204，1番の301，1番の302と合併

敷地権の目的である土地の表示

①土地の符号	②敷地権の種類	③敷地権の割合	原因及びその日付
1	○市○町○丁目○番	1000分の30	令和○○年○月○日非敷地権
2	○市○町○丁目○番	1000分の30	平成何年何月何日非敷地権

附属建物の表示

符号	①種類	②構造	③床面積　　　　m²	原因及びその日付
1	倉庫	○町○丁目2番地木造かわらぶき平家建	50.00	2番に分割

敷地権の目的である土地の表示

①土地の符号	②敷地権の種類	③敷地権の割合	原因及びその日付
1	○市○町○丁目○番	1000分の30	令和○○年○月○日非敷地権
2	○市○町○丁目○番	1000分の30	令和○○年○月○日非敷地権

（分割後の建物の表示）

建物の表示			
所在	○市○町○丁目○番地		
家屋番号	2番		
①種類	②構造	③床面積　　m²	原因及びその日付
倉庫	木造かわらぶき平家建	50.00	○町○丁目○番102から分割

（合併後の建物の表示）

建物の表示			
所在	○市○町○丁目1番地, 2番地		
家屋番号	1番		
①種類	②構造	③床面積　　m²	原因及びその日付
居宅	鉄筋コンクリート造陸屋根 8階建	1階　200.00 2階　200.00 3階　150.00	○町○丁目○番○から分割

※売却マンションの敷地利用権が地上権の場合

土地の表示

	所在及び地番	地目	地積　m²	敷地利用権の種類	登記の目的	
					移転	抹消
1	○町○丁目○番	宅地	500.00	何番地上権	○	○

一棟の建物の表示

所　　在　　　○市○町○丁目○番地, ○番地

建物の名称　　　何マンション

専有部分の建物の表示

	家屋番号	種類	構造	床面積 m²	登記の目的	
					移転	抹消
1	○町○丁目○番の102	居宅	鉄筋コンクリート造 1階建	1階部分　100.00	○ ○	○ ○
1	○町○丁目○番の103	居宅	鉄筋コンクリート造 1階建	1階部分　100.00	○ ○	○ ○

第２章　敷地売却事業における登記手続

登記の目的，登記義務者

	土地の表示	登記の目的	順位番号	登記義務者	課税価格	登録免許税
1	○市○町○丁目○番	○番地上権共有者全員持分全部移転	―	○市○町○丁目○番○号　何　某	金何円	金何円
		買戻権抹消	○区○番付記○号	○市○町○丁目○番○号　何　某	―	金○円
		差押抹消	○区○番	○市○町○丁目○番○号　何　某		
		抵当権抹消	○区○番	○市○町○丁目○番○号　何　某		

※　権利消滅期日における登記は，分配金取得計画及び認可書が添付書類となるため，登記の真実性は担保されるため，登記識別情報の提供，印鑑証明書の提出を要しない。

※　本記載例において「円滑化法登記令」は「円滑不動産令」を示す。

第5編 その他の事例

第1章 マンション管理組合規約（例）

〈例45　マンション管理組合規約〉

○○マンション管理規約（抄）

第1章　総則

【目的】

第1条　この規約は，○○マンションの管理又は使用に関する事項等について定めることにより，区分所有者の共同の利益を増進し，良好な住環境を確保することを目的とする。

【管理組合】

第6条　区分所有者は，第1条に定める目的を達成するため，区分所有者全員をもって○○マンション管理組合（以下，「管理組合」という。）を構成する。

②　管理組合は，事務所を○○内に置く。

③　管理組合の業務，組織等については，第6章に定めるところによる。

第2章　専有部分等の範囲

【専有部分の範囲】

第7条　対象物件のうち区分所有権の対象となる専有部分は，住戸番号を付した住戸とする。

②　前項の専有部分を他から区分する構造物の帰属については，次のとおりとする。

1　天井，床及び壁は，躯体部分を除く部分を専有部分とする。

2　玄関扉は，錠及び内部塗装部分を専有部分とする。

3　窓枠及び窓ガラスは，専有部分に含まれないものとする。

③　第1項又は前項の専有部分の専用に供される設備のうち共用部分内にある部分以外のものは，専有部分とする。

【共用部分の範囲】

第8条　対象物件のうち共用部分の範囲は，別表第○に掲げるとおりとする。

第3章　敷地及び共用部分等の共有

【共有持分】

第10条　各区分所有者の共有持分は，別表第○に掲げるとおりとする。

195

第1章 マンション管理組合規約（例）

第4章 用法

【専有部分の用途】

第12条 区分所有者は，その専有部分を専ら住宅として使用するものとし，他の用途に供してはならない。

【駐車場の使用】

第15条 管理組合は，別添の図に示す駐車場について，特定の区分所有者に駐車場使用契約により使用させることができる。

② 前項により駐車場を使用している者は，別に定めるところにより，管理組合に駐車場使用料を納入しなければならない。

③ 区分所有者がその所有する専有部分を，他の区分所有者又は第3者に譲渡又は貸与したときは，その区分所有者の駐車場使用契約は効力を失う。

【専有部分の修繕等】

第17条 区分所有者は，その専有部分について，修繕，模様替え又は建物に定着する物件の取付け若しくは取替え（以下「修繕等」という。）を行おうとするときは，あらかじめ，理事長（第○○条に定める理事長をいう。以下同じ。）にその旨を申請し，書面による承認を受けなければならない。

② 前項の場合において，区分所有者は，設計図，仕様書及び工程表を添付した申請書を理事長に提出しなければならない。

③ 理事長は，第1項の規定による申請について，承認しようとするとき，又は不承認としようとするときは，理事

会（第○○条に定める理事会をいう。以下同じ。）の決議を経なければならない。

④ 第1項の承認があったときは，区分所有者は，承認の範囲内において，専有部分の修繕等に係る共用部分の工事を行うことができる。

⑤ 理事長又はその指定を受けた者は，本条の施行に必要な範囲内において，修繕等の箇所に立ち入り，必要な調査を行うことができる。この場合において，区分所有者は，正当な理由がなければこれを拒否してはならない。

第5章 管理

第1節 総則

【敷地及び共用部分等の管理】

第21条 敷地及び共用部分等の管理については，管理組合がその責任と負担においてこれを行うものとする。ただし，バルコニー等の管理のうち，通常の使用に伴うものについては，専用使用権を有する者がその責任と負担においてこれを行わなければならない。

② 専有部分である設備のうち共用部分と構造上一体となった部分の管理を共用部分の管理と一体として行う必要があるときは，管理組合がこれを行うことができる。

【窓ガラス等の改良】

第22条 共用部分のうち各住戸に附属する窓枠，窓ガラス，玄関扉その他の開口部に係る改良工事であって，防犯，防音又は断熱等の住宅の性能の向上等

に資するものについては，管理組合が
その責任と負担において，計画修繕と
してこれを実施するものとする。

② 管理組合は，前項の工事を速やかに
実施できない場合には，当該工事を各
区分所有者の責任と負担において実施
することについて，細則を定めるもの
とする。

第2節 費用の負担

【管理費等】

第25条 区分所有者は，敷地及び共用
部分等の管理に要する経費に充てるた
め，次の費用（以下「管理費等」とい
う。）を管理組合に納入しなければな
らない。

　1 管理費

　2 修繕積立金

② 管理費等の額については，各区分所
有者の共用部分の共有持分に応じて算
出するものとする。

【管理費】

第27条 管理費は，次の各号に掲げる
通常の管理に要する経費に充当する。

　1 管理員人件費

　2 公租公課

　3 共用設備の保守維持費及び運転費

　4 備品費，通信費その他の事務費

　5 共用部分等に係る火災保険料その
　　他の損害保険料

　6 経常的な補修費

　7 清掃費，消毒費及びごみ処理費

　8 委託業務費

　9 専門的知識を有する者の活用に要

する費用

　10 地域コミュニティにも配慮した居
　　住者間のコミュニティ形成に要する
　　費用

　11 管理組合の運営に要する費用

　12 その他敷地及び共用部分等の通常
　　の管理に要する費用

【修繕積立金】

第28条 管理組合は，各区分所有者が
納入する修繕積立金を積み立てるもの
とし，積み立てた修繕積立金は，次の
各号に掲げる特別の管理に要する経費
に充当する場合に限って取り崩すこと
ができる。

　1 一定年数の経過ごとに計画的に行
　　う修繕

　2 不測の事故その他特別の事由によ
　　り必要となる修繕

　3 敷地及び共用部分等の変更

　4 建物の建替えに係る合意形成に必
　　要となる事項の調査

　5 その他敷地及び共用部分等の管理
　　に関し，区分所有者全体の利益のた
　　めに特別に必要となる管理

② 前項にかかわらず，区分所有法第
62条第1項の建替え決議（以下「建
替え決議」という。）又は建替えに関
する区分所有者全員の合意の後であっ
ても，マンションの建替え等の円滑化
に関する法律（以下本項において「円
滑化法」という。）第9条のマンショ
ン建替組合（以下「建替組合」とい
う。）の設立の認可又は円滑化法第45
条のマンション建替事業の認可までの

第1章 マンション管理組合規約（例）

間において，建物の建替えに係る計画又は設計等に必要がある場合には，その経費に充当するため，管理組合は，修繕積立金から管理組合の消滅時に建替え不参加者に帰属する修繕積立金相当額を除いた金額を限度として，修繕積立金を取り崩すことができる。

③ 管理組合は，第1項各号の経費に充てるため借入れをしたときは，修繕積立金をもってその償還に充てることができる。

④ 修繕積立金については，管理費とは区分して経理しなければならない。

別表　共用部分の範囲

1　エントランスホール，廊下，階段，エレベーターホール，エレベーター室，共用トイレ，屋上，屋根，塔屋，ポンプ室，自家用電気室，機械室，受水槽室，高置水槽室，パイプスペース，メーターボックス（給湯器ボイラー等の設備を除く。），内外壁，界壁，床スラブ，床，天井，柱，基礎部分，バルコニー等専有部分に属さない「建物の部分」

2　エレベーター設備，電気設備，給水設備，排水設備，消防・防災設備，インターネット通信設備，テレビ共同受信設備，オートロック設備，宅配ボックス，避雷設備，集合郵便受箱，各種の配線配管（給水管については，本管から各住戸メーターを含む部分，雑排水管及び汚水管については，配管継手及び立て管）等専有部分に属さない「建物の附属物」

3　管理事務室，管理用倉庫，清掃員控室，集会室，トランクルーム，倉庫及びそれらの附属物

第2章 マンション敷地の境界確認

マンションの隣地が売却その他の理由により測量する際，マンション管理組合に対し，境界立会いを求めることがある。

最近建築されたマンションであれば，分譲の際にきちんと測量がなされ，境界標が埋められているのが通常であるが，隣地からマンションに対し境界の立会いを求められることがある。このとき，マンション管理組合の理事長が，立会いできるのかが問題となる。

管理組合は，マンションの管理を目的とする団体であり，隣地との境界を確定する権限はない。実務上，境界標の位置を確認するだけの確認行為（事実行為）であることを理由に，理事長に権限が認められるとする見解もあるようだが，境界の位置が万が一ずれていた場合等を考えると，やはり，処分行為の意味合いが強く，管理組合の理事長に対し，立会いの権限を認めるのは難しいと考えられる。

そのため，境界立会いは，土地の共有者である区分所有者が各自で行なうのが原則となるが，境界立会いについて，各区分所有者から理事長に対し委任すれば，理事長が各区分所有者の代理人として，境界立会いをすることは可能と考える。

また，隣接地との境界に関し，区分所有法の集会決議に基づく確認がなされればその境界確認は有効と考える。

一つの解決策として，マンション所有者に対し筆界特定の申請も考えられる。いずれにしても難しい問題であり，区分所有法の改正等も視野に入れ，方策を考える時期にきていると思う。

令和元年，法制審議会等で協議中の共有に関わる管理行為の考え方に注目したい。

第3章　合意規約・公正証書規約

第3章 合意規約・公正証書規約

区分所有法

（規約事項）

第30条　建物又はその敷地若しくは附属施設の管理又は使用に関する区分所有者相互間の事項は，この法律に定めるもののほか，規約で定めることができる。

2　一部共用部分に関する事項で区分所有者全員の利害に関係しないものは，区分所有者全員の規約に定めがある場合を除いて，これを共用すべき区分所有者の規約で定めることができる。

3　前二項に規定する規約は，専有部分若しくは共用部分又は建物の敷地若しくは附属施設（建物の敷地又は附属施設に関する権利を含む。）につき，これらの形状，面積，位置関係，使用目的及び利用状況並びに区分所有者が支払つた対価その他の事情を総合的に考慮して，区分所有者間の利害の衡平が図られるように定めなければならない。

4　第1項及び第2項の場合には，区分所有者以外の者の権利を害することができない。

5　規約は，書面又は電磁的記録（電子的方式，磁気的方式その他人の知覚によつては認識することができない方式で作られる記録であつて，電子計算機による情報処理の用に供されるものとして法務省令で定めるものをいう。以下同じ。）により，これを作成しなければならない。

1　規約で定め得る事項

　人の集合体である団体を円滑に運営していくためには，その組織及び運営に関する規則が必要である。区分所有者の団体（管理組合）の根本かつ最高の規則が「規約」である。規約は，いわば管理組合の「法律」であるから，その構成員である区分所有者は規約に拘束される。

　規約で定め得る事項は，本条1項所定の「建物又はその敷地若しくは附属施設の管理又は使用に関する」事項に限られず，区分所有法全体からみると，区分所有者の基礎的法律関係を含めて，広範囲にわたる事項を規約で定めることができる。規約事項の内容は，次の四つに分類することができる。

① 区分所有者間の基礎的法律関係に関する事項

　専有部分，共用部分及び敷地の範囲に関する定め，共用部分の共有持分の定めなど。

② 所有者間の共同事務の処理に関する事項

　　区分所有者団体の意思決定方法，管理組合の組織・運営・会計などに関する定め，管理者の選任・解任・職務権限に関する定めなど。

③ 区分所有者間の利害の調節に関する事項

　　建物などの使用・管理に関する定めなど。

④ 区分所有者が義務に違反した場合の措置に関する事項

区分所有法

（公正証書による規約の設定）

第32条　最初に建物の専有部分の全部を所有する者は，公正証書により，第4条第2項，第5条第1項並びに第22条第1項ただし書及び第2項ただし書（これらの規定を同条第3項において準用する場合を含む。）の規約を設定することができる。

2　公正証書による規約の設定

　規約は区分所有者の権利義務を拘束するものであるから，新築の分譲マンションの場合でも，全専有部分の買主が確定し，区分所有者全員がそろってから規約を設定すべきであり，分譲業者が勝手に規約を設定することは許されるべきではないといえる。しかし，買主にとっては，マンション購入時に，規約による定めがある方が望ましい事項がある。例えば，購入時に，規約共用部分あるいは規約敷地の定めがないと，買受け希望者の権利（共有持分）が確定しないために，購入をためらうことになる。購入したとしても，その後トラブルが発生する原因にもなりかねない。

　そこで本条は，マンションの分譲を円滑に進めるために，「最初に建物の専有部分の全部を所有する者は，公正証書により」，規約共用部分と敷地の権利関係に関する四つの事項に限って，単独で規約を設定できるとしている。

　公正証書規約を設定できるのは，新築分譲マンションの分譲業者のように，最初に建物の専有部分の全部を所有する者に限られる。1戸でも専有部分を他人に分譲したら，その後は公正証書規約を設定することはできなくなる。中古マンションの専有部分を全部所有していても，「最初に」という要件を欠くので，その所有者は公正証書規約を設定することはできない。

　本条の規約は必ず公正証書によらなければならないが，これは分譲業者が単独で設定した規約の内容を確実に証明するためである。分譲業者が私文書により作成した規約は効力がない。

第3章　合意規約・公正証書規約

公正証書規約で定めうる事項は，次の四つである。

---
① 規約共用部分に関する定め（区分所有4条2項）

② 規約敷地の定め（区分所有5条1項）

③ 専有部分と敷地利用権の分離処分を可能にする定め（区分所有22条1項ただし書・同条3項で準用する場合を含む）

④ 敷地利用権の共有・準共有持分の割合に関する定め（区分所有22条2項ただし書・同条3項で準用する場合を含む）

　以上の事項に関する定めを第三者に対抗するためには，その旨の登記が必要となる。なお，公正証書規約は，規約を設定する場合にだけ認められており，その変更又は廃止は通常の規約と同じ手続によらなければならない。

3　公証役場

(1)　用意する書類

　本人であること，正式な代理人であることの証明書などはどんな場合でも必要になる。代理人によって嘱託する場合は，委任状と本人の印鑑証明書1通，本人が会社などの法人の場合はその法人の資格証明書（商業・法人登記情報）も1通必要となる。代理人の印鑑証明書1通，本人と代理人の実印を用意する。

(2)　公正証書にする内容の整理

　必ず事前に，その内容をまとめておいて文書にする。具体的には，だれが，だれに対して，何を，どのようにするか，について簡潔にまとめておくとよい。特に敷地権割合を定める場合は一覧表にまとめる等分かりやすく記載するとよい。また代理人として嘱託受ける場合には，委任状に作成内容が明らかにしておく。

(3)　公証役場での手続の進行

　公証役場には，午前9時から午後4時過ぎぐらいまでの間に，出頭するようにする。事前に相談に行っていた場合には，次回に正式に嘱託のために出頭する時間を約束できることもある。公証役場に到着したら受付で公正証書作成の嘱託に来たことを伝え，係員に公証人のところへ案内してもらう。ただし，時間帯などによっては，混雑のためにしばらく待たされることもある。事前に相談したうえで訪れていれば，そのまますぐに公証人が作成に取り掛かるが，それ以外の場合には，担当になった公証人に対して，どんなことを公正証書にしたいのかを説明する。内容を説明する際は，あらかじめ用意している書式やメモをもとに，簡潔に分かりやすく説明するように心掛ける

ること。

　公正証書にすべき内容とは直接関係のないことや，個人の感情に関する事柄を長々と話すことは避けるようにする。公証人の方から説明を求めてくることもあるので，質問されれば，ありのままに簡潔に答える。内容面の確認が終わり，添付書類の点検がすめば公正証書の作成に入り，簡単なものであればその場ですぐに作成してもらえることもある。しかし，多くの場合は，一定期日が指定されて，その日に仕上がっている公正証書を受け取りに行くことになる。

(4)　公正証書が完成したら

　公正証書が完成すると，公証人が当事者の前でそれを読み上げてくれる。当事者は，仕上がった内容に間違いはないか，過不足の件はないかなどを確認する。公正証書の内容に間違いがないことが確認できたら，当事者はそれぞれ記名・押印をする。これによって公正証書に法律的な効力が発生することになる。

(5)　どのくらいの費用が掛かるのか

　公正証書作成のための費用は公証人の手数料ということで，公正証書完成時に現金で支払う。この価格は，「公証人手数料令」によって，23,000円以上（専有部分の個数によって加算）と一律に規定されている。

4　規約設定公正証書の作成方法

◎　作成に用いる様式及び用語に関する留意点

　（規約）公正証書は，法令に準ずる規範といえるから，公用文及び法令作成にする通達等に従い作成することが望ましい。そこで，次に，基本通達文例1を例にして，その留意点を挙げる。

① 適用される通達等

ア　公用文作成の要領（昭27・4・4内閣閣甲16号内閣官房長官依命通知，昭和56年10月1日改訂）

イ　公用文における漢字使用等について（平22・11・30内閣訓令第1号）

ウ　法令における漢字使用等について（平22・11・30内閣法制局総総208号内閣法制局長官通知）

エ　法令用語改正要領（昭29・11・25内閣法制局総発89号法制局次長通知「法令用語の改正の方針」の別紙，改正：昭56・10・1内閣法制局総発141号内閣法政次長通知）。なお，これらの資料については，渡辺秀喜『第2版　これだけは知っておきたい　公用文の書

第3章　合意規約・公正証書規約

き方・用字用語例集』（日本加除出版，2017 年）等を参照のこと。

💡 **実務のポイント**

> **■Q**　建築基準法6条による確認と異なる同法に明らかに違反する建物について規約
> 設定公正証書を作成することができるか。
>
> 【回答】
> 　建築基準法に違反する建物に関する規約が直ちに無効であるとはいえず，また，公
> 証人は同法違反の事実を調査する権限も義務もないから，公正証書を作成すべきであ
> る（昭 61.11.13 公連決議・公証 80 号 118 頁）。

② **様式**

ア　作成年及び（暦年）番号は，各1行を取り，右上に記載する。

イ　表題は，4字目から，簡潔に記載する。

ウ　各条文の見出しは，記載した方が分かりやすい。見出しの左括弧は，2字目に記
載するのが原則であるが，空けていない公証役場もある。

エ　1条に2項以上記載するときは，「1」項の表示はしないで，2項から記載する。

オ　号は，「一」，「二」の例により表示する。

カ　既出の条項を引用する場合において当該条項が直前のものであるときは，第○条
（第○項）としないで，前条（前項）と表示する。

③ **用語**

ア　主語（の助詞）の次には，必ず句点「，」を記載する。「、」は，縦書きの場合の
表示である。

イ　次のような接続詞は原則として仮名で書く。
　「かつ」「したがって」「ただし」「また」
　ただし，次の4語は，原則として漢字で書く。
　「及び」「並びに」「又は」「若しくは」

ウ　同じ言葉であっても動詞と名詞と複合語とでは，次のように送り仮名に違いがあ
る例が多いので注意が必要である。
　「取り扱う」「取扱い」「取扱注意」

エ　町名に一丁目，二丁目がある場合は，1丁目，2丁目と記載しない。ただし，北
海道などに例外はある。

5 規約を証する書面

登記申請手続に必要な添付書面としての「規約を証する書面」は，規約を設定した公正証書（区分所有 32 条）の謄本，規約の設定を決議した集会の議事録（区分所有 42 条）又は区分所有者全員の合意により規約を設定した合意書（区分所有 45 条 1 項）である。ただし，議事録又は合意書には，公証人の認証がある場合を除き，議事録又は合意書に署名押印した者の印鑑証明書を添付する。

6 提出を求める書類

公正証書の作成に当たって必要な事実関係を明らかにさせるためには，次のような方法が考えられる。なお，これらの資料は，事実認定の資料ではない。

① 建物の所有権は，次の書面により確認する。
  ア 建築基準法 6 条による確認及び同法 7 条による検査のあったことを証する書面
  イ 建築請負人の証明書
  ウ その他所有権を証する書面
② 建物の所在地番，構造，床面積，専有部分の個数等は，①の書面又は設計図等により確認する。なお，これらの疎明書面のみでは十分な確認が得られない場合は，現地に赴いて確認すべきこともある。
③ 敷地利用権は，登記情報等により確認する。
④ その他，建物の敷地の範囲，規約共用部分の範囲，専有部分に対応する敷地利用権の割合等について，嘱託人に資料を提出させ，場合によっては現地確認をする事も必要となる。

7 規約設定公正証書及び認証

(1) 規約敷地を定める規約，規約共用部分を定める規約，分離処分可能規約の設定及び専有部分に係る敷地利用権の割合を定める規約設定公正証書の文例である。

〈例 46 規約設定公正証書〉

規約設定公正証書

本公証人は，建物の区分所有等に関する法律第 32 条の規約の設定者株式会社 Z 不動産の嘱託により，この証書を作成する。

（専有部分の全部所有）
第 1 条 嘱託人は，次の建物が完成後最初に当該建物の専有部分の全部（122 個）を所有する。

所　在　○市○町○丁目○番地

構　造　鉄筋コンクリート造陸屋根地下1階付9階建

床面積　1階 1236.74m²

（2階から8階まで省略）

9階 935.50m²

（規約敷地）

第2条　嘱託人は，次の一及び二の各土地の所有権並びに三の土地の賃借権を有する。

一　○市○町○丁目○番　宅地　2067.75平方メートル

二　○市○町○丁目○番1　宅地　330.05平方メートル

三　○市○町○丁目○番1　雑種地　552平方メートル

2　前項一の土地（法定敷地）のほか，二及び三の土地を前条の建物に係る建物の敷地（規約敷地）と定める。

（規約共用部分）

第3条　次の建物を区分所有者全員の共用に供すべき共用部分（規約共用部分）と定める。

一　第1条の建物中1階管理人室　別添図面①の斜線の部分

二　第1条の建物中9階集会室　別添図面②の斜線の部分

三　甲市乙町三丁目3番地1　家屋番号3番1　集会所

木造スレートぶき2階建　床面積1階 105.04m²　22階 50.00m²

（敷地利用権の割合）

〈均等割合とする場合〉

第4条　第1条1項の建物の各専有部分に係る同条2項一，二及び三の土地についての敷地利用権の割合は，各100分の1と定める。

〈床面積又は価額を基準とする場合〉

第4条　第1条1項の建物の各専有部分に係る同条2項一，二及び三の土地についての敷地利用権の割合は，別表（省略）のとおり定める。

（分離処分）

〈敷地利用権の一部を分離処分可能とする場合〉

第5条　第1条2項一及び二の各土地の所有権の各3分の2並びに同項三の土地の賃借権の3分の2は，同条1項の建物の各専有部分と分離して処分することができるものとする。

〈敷地利用権の全部を分離処分可能とする場合〉

第5条　第1条2項三の土地の賃借権は，同条1項の建物の各専有部分と分離して処分することができるものとする。

8 団地規約設定公正証書

実務のポイント

■Q 最初に区分建物の専有部分の全部を所有する者が敷地権割合を専有部分の床面積の割合として表示の登記をした後，区分建物を分譲する前に改めて公正証書により床面積と異なる割合で規約を設定した場合，敷地権割合を変更する建物の表示の変更登記を申請することになるか。

【回答】

　積極に解する。分譲業者は，区分建物を分譲する前は，「最初に建物の専有部分の全部を所有する者」であることに変わりはない。区分建物の全部を同一人が所有している場合，公正証書によって作成された敷地権に関する規約は，他に区分所有者が出現しない限り，公正証書によって変更することができるから，公正証書により敷地権割合を変更する規約を作成し，建物の表示の変更の登記を申請することができる。

　なお，一般に公正証書作成後建物の登記前に内容に変更を生じたときは，申請人が建物の全部を所有している間は，変更公正証書によって変更することができる。

8　団地規約設定公正証書

(1)　規約設定

　一団地内の数棟の建物の全部を所有する者は，公正証書により，一団地内の附属施設たる建物について団地共用部分とする規約設定をすることができる（区分所有67条2項）。

　なお，区分所有法66条で準用する同法31条1項及び同法45条1項の規定による団地建物所有者による規約設定にも注意を払いたい。

(2)　文例

〈例47　団地規約設定公正証書〉

団地規約設定公正証書

　本公証人は，建物の区分所有等に関する法律第67条第2項の規約の設定者株式会社X不動産の嘱託により，この証書を作成する。

第1条　嘱託人は，1団地内に次の一，四及び五の各建物を所有し，二及び三の各建物の完成後，当該各建物を所有する。

　一　所　在　　　　○市○町○丁目○番地1

　　　建物の番号　　○○○○一号館

第3章　合意規約・公正証書規約

二　所　在　　　　同所同番地1

　　構　造　　　　鉄筋コンクリート造陸屋根6階建

　　床面積　　　　1階 1236.74m^2

　　　　　　　　　（2階から6階まで省略）

　　建物の番号　○○○○二号館

　　完成予定日　令和○年○月○日

三　所　在　　　　同所同番地1

　　構　造　　　　鉄筋コンクリート造陸屋根6階建

　　床面積　　　　1階 1236.74m^2

　　　　　　　　　（2階から6階まで省略）

　　建物の番号　○○○○三号館

　　完成予定日　令和○年○月○日

四　同所同番地2　家屋番号3番2

　　集会所　　　　鉄骨造スレートぶき2階建

　　床面積　　　　1階 105.04m^2　22階 50.00m^2

五　同所同番地3　家屋番号3番3

　　店舗・居宅　木造かわらぶき2階建

　　床面積　　　　1階 140.50m^2　2階 140.50m^2

第2条　前条一の建物中1階部分管理人室（別添図面（省略）斜線の部分）及び前条四並びに五の建物を団地建物所有者全員の共用に供すべき共用部分（団地共用部分）と定める。

9　書面決議等規約設定公正証書

　区分所有法32条，67条2項以外の規約は集会の決議又は全員の書面決議^(注)により設定されるから（区分所有31条1項・45条），公正証書による必要はない。しかし，区分所有者が，将来の紛争を未然に防止するために，その設定する規約について公正証書を作成したい場合これを拒否すべき理由はなく，むしろ予防司法を目的とする公証制度の趣旨からすれば，その嘱託に応ずるべきである（公証事務通達第一の三）。

（注）全員の合意を規約で緩和することはできない。

10 分離処分可能規約公正証書

〈例48 分離処分可能規約公正証書（抄）〉

　本公証人は，建物の区分所有等に関する法律第31条第1項の規約の設定者甲野一郎及び乙野次郎（又は管理者丙野三郎）の嘱託により，この証書を作成する。

第3条　嘱託人ら（区分所有者ら）は，令和○○年○月○日の集会において，第1条の建物の専有部分と前条の土地の所有権とは分離して処分できることを決議した。

11 敷地利用権の割合を定める規約公正証書

〈例49 敷地利用権の割合を定める規約公正証書（抄）〉

　本公証人は，建物の区分所有等に関する法律第31条第1項の規約の設定者甲野一郎及び乙野次郎の嘱託により，この証書を作成する。

第3条　嘱託人は，令和○○年○月○日の集会において，第1条の建物の各専有部分に係る第2条記載の土地についての敷地利用権の割合を別表（略）のとおりとする決議をした。

12 管理・使用等に関する規約公正証書

〈例50 管理・使用等に関する規約公正証書（抄）〉

　本公証人は，令和○○年○月○日甲の嘱託により，令和○年○月○日○県○市一丁目○番○号○○マンション集会室において開催された区分所有者集会の決議により決定された○○マンション管理規約に関する陳述の趣旨を録取し，この証書を作成する。

第1条（以下，決議により設定された規約の内容を記載する。）

13 分離処分可能規約廃止公正証書

〈例51 分離処分可能規約廃止公正証書（抄）〉

　本公証人は，建物の区分所有等に関する法律第45条に基づき，規約の設定者甲野一郎及び乙野次郎の嘱託により，この証書を作成する。

第3条　嘱託人らは，令和○○年○月○日○法務局所属公証人○○作成○年第○号規約設定公正証書によりした分離処分可能規約を廃止することを令和○年○月○日書面により合意した。

第3章 合意規約・公正証書規約

14 規約設定公正証書

> 筆者が公証役場で使用している公正証書の用紙及び様式等は、次のとおりである。
> 1 用紙は、A列4番で1行24字20行、20行分で230mm（1行11.5mm）
> 2 文書スタイルの詳細は、①文字は14ポイント、②用紙マージンは、上端40mm、下端26mm、左端30mm、右端20mm
> 3 ひな形は次のとおりである。

〈例52 規約設定公正証書〉

（1枚目）

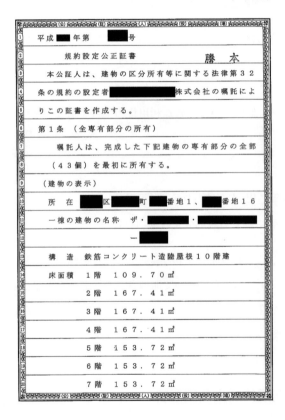

210

（2枚目）

```
        8階  153.72㎡
        9階  153.72㎡
       10階  130.17㎡
  新築年月日  平成○○年○月○○日
第2条（敷地となるべき土地の利用権）
  嘱託人は、下記1及び2の各土地の所有権を有する。
（土地の表示）
 1．所在  ■■区■■■■町  地番  ■■番1
    地目  宅地  地積  277.68㎡
 2．所在  ■■区■■■■町  地番  ■■番16
    地目  宅地  地積  100.44㎡
第3条（敷地利用権の割合）
  第1条の建物の各専有部分に係る第2条記1及び
  2の各土地（法定敷地）についての敷地利用権の割
  合は別表（その1及びその2）に定めるところによ
  るものとする。
第4条（規約共用部分）
  下記建物を区分所有者全員の共用に供すべき共用
  部分（規約共用部分）と定める。
（建物の表示）
```

（3枚目）

```
 1．第1条の建物中
    建物の名称  5  種類  ゴミ置場
    床面積  1階部分  5.15㎡
    （別添住戸配置図朱塗部分）
 2．第1条の建物中
    建物の名称  6  種類  駐車場
    床面積  1階部分  39.95㎡
    （別添住戸配置図青塗部分）
                                以  上
  本旨外事項
    本店  ■■■■■■区■■■丁目■番■号
    支配人を置いた営業所
          ■■■■■■区■■■丁目■番■号
    嘱託人  ■■■■■■■■株式会社
    上記会社支配人
          ■■■■■■■
    上記の者は、代表の権限を証する法定の認証ある証
    書をもって、その権限を証明させた。
          東京都■■区■■■丁目■番■号
    土地家屋調査士
```

第3章 合意規約・公正証書規約

(4枚目)

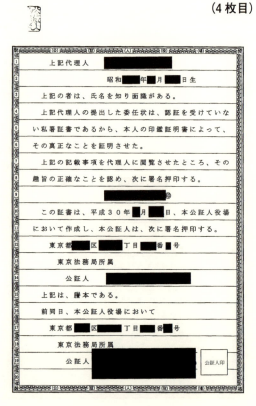

〈例53 敷地権の表示〉

第3条別表

区　分　し　た　建　物　の　表　示					敷　地　権　の　表　示		
家　屋　番　号	建物の名称	種　類	構　造	床　面　積　(㎡)	土地の符号	敷地権の種類	敷地利用権の割合 (分母123,317に対する分子)
○丁目○番1の201	201	居宅	鉄筋コンクリート造1階建	2階部分　41.81	1・2	所　有　権	4482
○丁目○番1の202	202	居宅	鉄筋コンクリート造1階建	2階部分　24.35	1・2	所　有　権	2685
○丁目○番1の203	203	居宅	鉄筋コンクリート造1階建	2階部分　23.18	1・2	所　有　権	2539
○丁目○番1の204	204	居宅	鉄筋コンクリート造1階建	2階部分　23.48	1・2	所　有　権	2565
○丁目○番1の205	205	居宅	鉄筋コンクリート造1階建	2階部分　23.69	1・2	所　有　権	2594
○丁目○番1の301	301	居宅	鉄筋コンクリート造1階建	3階部分　41.81	1・2	所　有　権	4482
〜	〜	〜	〜	〜	〜	〜	〜
○丁目○番1の5	5	ゴミ置場	鉄筋コンクリート造1階建	1階部分　5.15	1・2	所　有　権	0
○丁目○番1の6	6	駐車場	鉄筋コンクリート造1階建	1階部分　39.95	1・2	所　有　権	0

14 規約設定公正証書

〈例54 住戸配置図〉

10F	1002				1001
9F	904	903	902		901
8F	805	804	803	802	801
7F	705	704	703	702	701
6F	605	604	603	602	601
5F	505	504	503	502	501
4F	405	404	403	402	401
3F	305	304	303	302	301
2F	205	204	203	202	201
1F	6 駐車場		エントランス	5 ゴミ置場	ピロティ

第5編 その他の事例

事項索引

【数字等】

90 条登記（都再 90 条登記）································· 98
101 条登記（都再 101 条登記）······················· 99

【い】

一物一権主義 ··· 2
一体性の原則 ······························· 27, 29, 30
　　──の排除 ···································· 30
委任状 ·· 26

【う】

内法方式 ··· 6〜8

【え】

エレベーター室 ························ 3, 34, 35, 198

【か】

会社法人等番号 ···································· 26
各階平面図 ································ 24, 53, 56
火災保険証書 ······································ 24
壁芯方式 ·· 6, 7
仮換地 ··· 93〜95

【き】

規約共用部分 ············· 34〜36, 61, 168, 205, 206
規約敷地 ·· 31〜33
規約設定公正証書 ································ 205
　　書面決議等── ································ 208
　　団地── ································· 207, 208
規約割合 ·· 31
狭あい道路 ·· 96
境界確認 ··· 199
共有者の持分 ····································· 7, 8
共用部分 ·· 1, 34
　　──の範囲 ···································· 198

【く】

区分所有者 ······································· 1, 3
区分建物滅失登記 ···························· 156, 157

【け】

検査済証 ······································· 24, 69

【こ】

原始取得者 ································ 10, 80, 86
建築確認通知書 ···································· 24
建築材料 ··· 8
建築設計図書 ······································ 60
現地調査用図面 ···································· 63
権利床 ·· 170, 171
権利変換計画 ······················ 137〜140, 155, 159
権利変換の登記 ······························ 121, 134

【こ】

合意規約 ······································ 25, 200
工事請負契約書 ···································· 24
工事完了引渡証明書 ······························ 24, 65
工事代金領収書 ···································· 24
公証役場 ··· 202
公正証書規約 ·································· 25, 201
公用文 ··· 203
戸籍（除）附票 ································· 81, 82
固定資産税 ·· 75
　　──台帳登録事項証明書 ························ 24
　　──の納税義務者 ······························ 76

【さ】

再開発組合 ······························· 96, 97, 99
再販事業 ·· 43, 44

【し】

市街地再開発事業 ······························ 96, 97
敷地権 ·· 28
敷地売却事業 ································· 132, 179
敷地利用権 ······································ 1, 28
集会の議事録 ································· 26, 30
住所証明書 ·· 24
住宅借入金等特別控除（→優遇税制）
住宅用家屋証明書 ································ 68, 70
住民票コード ······································ 25
上申書 ························· 65, 79, 80, 83〜85
使用目的に適した設備 ······························· 3
所有権更正登記 ································ 121, 158
申請期間 ······································· 10, 21
新築日 ····································· 75, 76, 78

事項索引

【せ】

施工誤差 ･････････････････････････ 64
専有部分 ･･･････････････････････ 1, 3

【そ】

相続証明書 ･････････････････････ 25

【た】

代位原因証書 ･･･････････････････ 25
代位申請 ･･････････････････････ 21
代理権限証書 ･･･････････････････ 26
タウンハウス ･･････････････････ 89, 90
建替え参加者による建替え不参加者への売渡
　請求 ････････････････････ 121〜125
建物図面 ･････････････････････ 24, 53
建物の敷地 ･･･････････････････････ 1
建物の附属物 ･･･････････････････ 35
建物の部分 ･････････････････････ 34
縦横割り区分 ･･･････････････････ 9, 88
縦割り区分 ･････････････････････ 9, 88

【ち】

地上権 ･･････････････････････････ 32
賃借権 ･････････････････････････ 32

【て】

転得者 ･････････････････････････ 21, 25

【と】

等価交換方式マンション ･････････ 51
等価専有部分 ･･･････････････････ 51
登記完了日 ･････････････････････ 66
独立性
　構造上の── ･･･････････････････ 2
　利用上の── ･･･････････････････ 3
都市再開発資料 ･････････････････ 104
取壊し日 ･･･････････････････････ 78

【は】

パイプスペース ･･･････････ 57, 74, 198
販売用図面集 ･･･････････････････ 60

【ふ】

不在住証明書 ･･･････････････････ 81
分配金取得手続 ･･･････････････ 180, 181
分有方式 ･･･････････････････････ 88, 92

【ほ】

分離処分 ･･･････････････････････ 27, 31
　──の禁止 ･････････････････････ 27

【ほ】

法定共用部分 ･･･････････････････ 35, 36
法定敷地 ･･･････････････････････ 32
保留床 ･････････････････････････ 170

【ま】

マンション管理組合規約 ･･･････ 195〜198
マンション建替事業 ･･･････････････ 121

【み】

みなし規約敷地 ･････････････････ 33

【ゆ】

優遇税制（→住宅借入金等特別控除）
　･････････････････････ 57, 68, 69, 72
床面積 ･････････････････････････ 6, 56
　──の判定 ･････････････････････ 71

【よ】

横割り区分 ･････････････････････ 9, 88

条文索引

●区分所有法

1 条	1, 3, 4, 6, 8, 184
2 条	1, 3, 32, 34
4 条	34〜36, 202
5 条	32, 33, 202
10 条	30
14 条	7, 8, 28, 30
22 条	27, 29, 30, 32, 88, 123, 124, 202
30 条	200
31 条	26, 36, 208
32 条	25〜30, 37, 201, 205, 208
42 条	26, 205
45 条	205
63 条	121, 123, 1254
66 条	207
67 条	207, 208

●建築基準法

6 条	204, 205
21 条	8
61 条	8

●住民基本台帳法

7 条	25

●租税特別措置法

41 条	57, 72
76 条	123, 125, 135

●租税特別措置法施行令

42 条の 3	136

●宅地建物取引業法

37 条	76

●地方税法

343 条	76
359 条	75

●都市再開発法

70 条	97, 98, 101
90 条	98, 102
101 条	96, 99, 104, 105
131 条	174

●不動産登記規則

36 条	25
115 条	6, 56

●不動産登記法

3 条	28
44 条	28
45 条	55
47 条	10, 21, 61, 81
48 条	10, 21
49 条	24
51 条	44
54 条	186
56 条	185
57 条	156
74 条	116

●不動産登記令

7 条	25, 26
9 条	25

●マンションの建替え等の円滑化に関する法律施行規則

30 条	127

●マンションの建替え等の円滑化に関する法律

15 条	121, 124, 140
55 条	121, 125
56 条	138〜140
58 条	137, 140, 151, 154
60 条	140
61 条	141
69 条	142
70 条	142, 154
71 条	142, 156, 160
72 条	160
73 条	161
74 条	121, 132〜134, 137, 146, 162, 171, 174

条文索引

81 条 ……………………………… 161, 170, 173
82 条 ……………………………… 121, 160〜163
88 条 ………………………………………… 172
92 条 ……………………………… 173, 174, 175
93 条 ………………………………………… 119
124 条 ……………………………………… 179
140 条 …………………………………… 179, 180
142 条 ……………………………………… 182
148 条 ……………………………………… 182
149 条 …………………………………… 179, 182
150 条 …………………………………… 182, 187

●マンションの建替え等の円滑化に関する法律による不動産登記に関する政令

2 条 ………………… 121, 132, 133, 174, 177, 181
3 条 ……………………… 132, 133, 174, 175
4 条 ……………………………………… 126
5 条 …………………………… 134, 152, 174
6 条 ……………………………………… 156
7 条 ……………………………………… 161
8 条 ……………………………………… 156
9 条 ……………………………………… 181
10 条 ……………………………………… 183
12 条 ……………………………………… 135

●民法

177 条 ……………………………………… 123
206 条 …………………………………… 2, 6
265 条 ……………………………………… 32
423 条 …………………………………… 21, 25
601 条 ……………………………………… 32

●不動産登記事務取扱手続準則

87 条 ……………………………………… 24

判例索引

最二小判昭 59・12・7 ……………………………………………………………… 75
最一小判平 26・9・25 ……………………………………………………………… 77

先例索引

昭 27・4・4 内閣閣甲 16 号内閣官房長官依命通知 …………………………… 203
昭 39・8・7 民事甲 2728 号民事局長回答 ……………………………………… 24
昭 46・4・16 民事甲 1527 号民事局長回答 ……………………………………… 56
昭 46・4・16 民事三発 238 号民事第三課長依命通知 ………………………… 56
昭 56・10・1 内閣法制局総発 141 号内閣法政次長通知 ……………………… 203
昭 58・11・10 民三 6400 号民事局長通達（「基本通達」）…… 21, 25, 26, 31, 79, 86
平 15・9・18 民二 2522 号民事局長通達 ………………………………………… 129
平 17・2・25 民二 456 号民事局長通達（「準則」）…………………………… 24
平 22・11・30 内閣法制局総総 208 号内閣法制局長官通知 ………………… 203

著者略歴

監修者

伊藤直樹（いとう　なおき）

　　土地家屋調査士（愛知県会）。日本土地家屋調査士会連合会副会長，愛知県土地家屋調査士会会長。

執筆者

遠山昭雄（とおやま　あきお）

　　土地家屋調査士（東京会）。前日本土地家屋調査士会連合会マンション関連検討プロジェクトチーム研究員。主に4編を担当。なお，4編の権利に関する箇所は司法書士法人・土地家屋調査士法人　遠山事務所の司法書士　田中譲が執筆。

橋立二作（はしだて　にさく）

　　土地家屋調査士（東京会）。東京土地家屋調査士会副会長，前日本土地家屋調査士会連合会マンション関連検討プロジェクトチーム研究員。主に1編，5編を担当。

今井廣夫（いまい　ひろお）

　　土地家屋調査士（東京会）。前日本土地家屋調査士会連合会マンション関連検討プロジェクトチーム研究員。主に2編，3編を担当。

区分建物表示登記に関する事例と実務

―敷地権・敷地利用権，専有・共用部分，相続・譲渡，
市街地再開発事業による権利変換，円滑化法による建替
え，上申書，管理組合規約，合意規約―

2019 年 12 月 6 日　初版発行

監　修　伊　藤　直　樹

著　者　遠　山　昭　雄
　　　　橋　立　二　作
　　　　今　井　廣　夫

発行者　和　田　　　裕

発行所　日本加除出版株式会社

本　　社　郵便番号　171-8516
　　　　　東京都豊島区南長崎 3 丁目 16 番 6 号
　　　　　TEL　(03) 3953-5757 (代表)
　　　　　　　　(03) 3952-5759 (編集)
　　　　　FAX　(03) 3953-5772
　　　　　URL　www.kajo.co.jp
営 業 部　郵便番号　171-8516
　　　　　東京都豊島区南長崎 3 丁目 16 番 6 号
　　　　　TEL　(03) 3953-5642
　　　　　FAX　(03) 3953-2061

組版・印刷・製本　㈱アイワード

落丁本・乱丁本は本社でお取替えいたします。
★定価はカバー等に表示してあります。
Ⓒ N. Itoh, A. Tohyama, N. Hashidate, H. Imai 2019
Printed in Japan
ISBN978-4-8178-4599-3

JCOPY 〈出版者著作権管理機構　委託出版物〉
　本書を無断で複写複製（電子化を含む）することは，著作権法上の例外を除
き，禁じられています。複写される場合は，そのつど事前に出版者著作権管理
機構（JCOPY）の許諾を得てください。
　また本書を代行業者等の第三者に依頼してスキャンやデジタル化することは，
たとえ個人や家庭内での利用であっても一切認められておりません。

〈JCOPY〉　H P：https://www.jcopy.or.jp，e-mail：info@jcopy.or.jp
　　　　　　電話：03-5244-5088，FAX：03-5244-5089

第5版 マンション登記法
登記・規約・公正証書

五十嵐徹 著
2018年3月刊 A5判 564頁 本体4,500円+税 978-4-8178-4463-7

商品番号：40236
略　　号：マン登

- 表題登記から滅失登記までの手続をわかりやすく解説。
- 「建築物の耐震改修の促進に関する法律」、「被災区分所有建物の再建等に関する特別措置法」、「都市再開発法」、「マンションの建替えの円滑化等に関する法律」の各法改正を網羅した改訂版。

建物表示登記の実務
資料調査・建物認定・構造判定・床面積算定

内野篤 著
2017年6月刊 B5判 296頁 本体2,900円+税 978-4-8178-4385-2

商品番号：40670
略　　号：建表実

- 資料調査・建物認定・構造判定・床面積算定などを具体的に解説。
- 建物の構造、床面積の算定などについて、具体的に解説。また、新築、分割、合体などの目的ごとに26事例の登記申請書・建物図面及び各階平面図・調査報告情報等を収録。

改訂 表示登記添付情報作成の実務
地積測量図・調査報告情報

國吉正和 監修　内野篤 著
2016年11月刊 B5判 304頁 本体3,200円+税 978-4-8178-4347-0

商品番号：40441
略　　号：添付情報

- 土地家屋調査士の土地に関する表示登記を解説。また、調査報告情報の改定様式に対応。
- 具体的な地積測量図（2色刷）を掲げ、作成方法、留意点について解説。
- 地積測量図を作成した時期による特性、留意点も解説。

日本加除出版

〒171-8516　東京都豊島区南長崎3丁目16番6号
TEL (03)3953-5642　FAX (03)3953-2061 （営業部）
www.kajo.co.jp